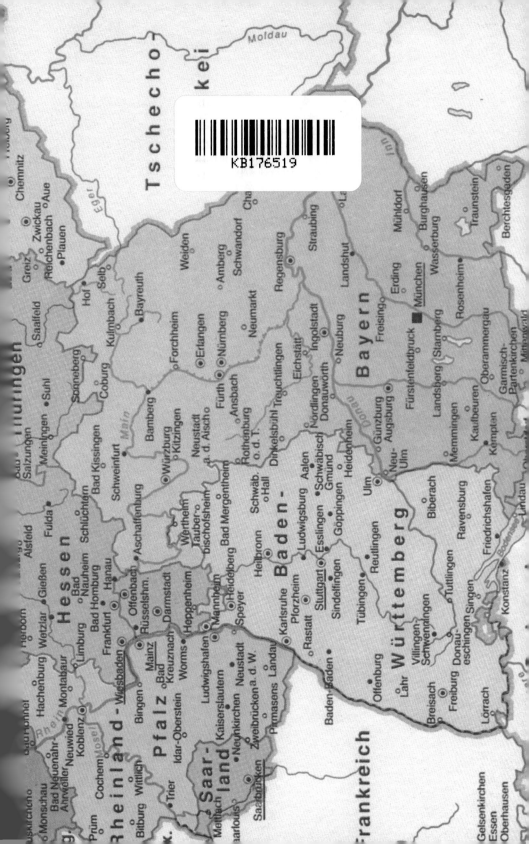

초급 독문해석 연습

증보판 · 독일문화

초급
독문해석
연습

100선

김희철

역락

머리말

독일은 우리의 우방이며, 한때는 분단국으로 우리와 비슷한 처지에 있었다는 점에서 우리에게 특별한 관심을 가지게 한 나라입니다.

한독관계는 일찍부터 과학 · 기술 · 문화 · 예술 뿐만 아니라 정치 · 경제 · 외교 등 각 분야에서 활발한 교류가 있었고, 앞으로도 양국간의 유대가 더욱 증진되리라 믿습니다.

국제적인 교류가 어느 때보다 활발한 이때, 국제사회의 중요한 외국어인 독일어를 이해하고, 독일의 사회와 문화를 아는 것은 매우 중요한 일이라 생각합니다. 이러한 시대적 요구에 따라 그동안 교단에서 쌓은 연구와 경험을 토대로 학습자가 짧은 기간에 효율적인 성과를 거둘 수 있도록 숙어 중심의 명문을 100선하여 상세한 주석을 달고, 해석연습에 필요한 문법 사항을 간추려 정리하여 문장 해독에 도움이 되도록 노력했습니다.

또한 독일에 관심이 있는 독자들에게 독일에 대한 지식을 가지도록 제2부에 독일의 역사를 비롯하여 여러 분야에 걸쳐 소개했습니다. 제2부의 내용 중 일부는 독일 관광청과 Prestel Verlag에서 발간된 독일을 소개하는 안내서의 내용을 참고하였음을 밝혀 둡니다.

이 책을 집필하는데 필요한 귀중한 자료들을 제공해 주신 주한 독일대사관과 독일문화원(Goethe-Institut)의 여러분께 진심으로 감사드립니다.

2019 . 5. 김희철

Erster Teil
Wir lesen Texte

Zweiter Teil
Deutschland kennenlernen

Anhang
Grammatik

독문 해석을 위한 기본 사항

1. 우선 모든 문장을 숙독하여 그 대의를 파악해야 한다.

낱말은 거의 여러 가지의 뜻을 가지기 때문에 대의를 파악하기 전에는 본문을 살리는 알맞은 번역이 불가능하다.

2. 모든 문장의 동사에 주의해야 한다.

동사의 변화와 그 뜻에 따라 단문의 구조가 달라지며, 또 주문을 중심으로 이에 부문이 종속적으로 결합되므로 주문의 동사에 의해 부문의 내용도 예상할 수 있다.

3. 문장의 상호 관계를 예상하면서 정독해야 한다.

예상이 불가능한 경우에는 접속사나 문형에 의해 관계를 판단해야 한다.

4. 중단된 문장은 우선 그에 계속되는 문장을 찾아야 한다.

갑문이 을문 또는 그의 문장 성분에 의해 중단된 경우에는 우선 콤마 사이에 있는 을문 또는 그의 문장 성분을 빼고, 갑문의 계속을 찾아 해석한 다음, 독립된 부분과의 관계를 생각해야 한다.

5. 어형 변화, 동사의 화법, 배어법에 주의해야 한다.

기초 문법에 정통하지 않기 때문에 뜻밖에 실수를 하는 수가 있다. 어형 변화는 여러 가지 관계를 밝히며, 배어법과 동사의 어법 차이는 문장 및 표현의 묘미를 살린다.

독문 해석의 10원칙

1. 단어를 합리적으로 파악하라.

단어는 문장의 기초이자 단위이므로 이것을 완전 극복하는 것이 독문 해석의 첫째 조건이 된다. 단어 실력이 풍부해지면 어학력은 비례하여 향상된다. 사람들이 흔히 하듯이 단어를 기계적으로 암기하는 것은 큰 효과를 기대할 수 없다. 오히려 단어의 성립이나 관계를 합리적으로 학습하는 편이 훨씬 효과적이고 확실하다. 즉 동의어(同義語), 반의어(反意語), 파생어(派生語) 등을 알면 단어의 의미를 정확히 파악하는데 도움이 되며 같은 계통의 단어를 빨리 그리고 쉽게 암기할 수 있다.

2. 관용구(慣用句)를 기억하라.

여기서의 관용구란 전치사구, 동사구, 명사구, 부사구, 숙어, 속담 등이 포함된다. 이러한 것들은 문장 어디나 삽입되어 문체(文體)나 문의(文意)에 중대한 영향을 주기 때문에 이에 대한 충분한 지식을 가지고 있어야 한다.

3. 문법 규칙(Grammatikregel)을 검토하라.

독일어는 외국어 중에서 문법 규칙이 가장 복잡하다고 말할 수 있다. 따라서 독일어 학습자는 먼저 문법 습득에 전념해야 한다. 대개 초보적인 문법 중에서도 명사·동사·형용사의 변화, 전치사의 격지배에 최대의 힘을 쏟지만 독문 해석에 있어서는 오히려 관사, 대명사, 동사, 전치사, 접속사의 용법이 훨씬 더 중요한 역할을 하게 됨을 알게 될 것이다.

4. 문장을 분석하라.

위에서 말한 단어나 관용구에 숙달하고 문법 규칙의 요점을 터득했다하더라도 한 문장을 해석할 때 이것들은 단지 부분적인 지식을 제공해줄 뿐, 문장 중에서 어떤 역할을 하는지 찾지 못하면 문장 전체를 정확하게 해석하기란 불가능하다. 그러므로 각 품사의 문장 중에서의 기능을 알아내는 문장 분석은 문장론(Satzlehre) 중에서도 가장 중요한 부분이라고 말할 수 있다.

5. 문장의 대의(大意)를 파악하라.

독문을 해석할 때 문법적 분석을 해도 원문(原文)의 의미를 파악하기란 그렇게 간단하지 않다. 문법 지식을 토대로 원문의 대의(大意)를 생각하고 논리적으로 문맥을 찾아야 한다. 다시 말해서 문법 지식에 추리력을 더하지 않으면 올바른 문의(文意)를 파악하기 어렵다. 또한 독문의 문법적인 면(面), 즉 어구(語句)의 의미, 구문(構文)의 연결 등을 충분히 이해해도 핵심을 파악하지 못하면 그 문장의 해석은 생명이 없는 것이 되고 만다.

6. 음독(音讀)하여 어감(語感)을 잡아라.

우리나라의 독일어 연구방법은 발음, 회화, 작문 등은 도외시 되고 오로지 학술 전문서적의 강독(講讀)에만 치우쳐 왔다. 그 결과 어학 연구의 태도가 파행적으로 흘러 「귀로 듣고 입으로 말하는 어학」이 아닌 「눈으로 보는 어학」으로 되어버렸다.

본래 언어란 「들어야할 음(音)」으로 성립되었으므로 귀와 입을 통해 듣고 말하기 위주로 해야만 한다. 어떤 언어든 어감(Sprachgefühl)에 따라 들을 때 그 언어가 가지고 있는 느낌, 즉 뉘앙스가 우러나오게 된다, 음독(音讀)을 부지런히 하면 어감(語感)도 느끼게 되어 단어의 의미, 문장의 강약 등이 저절로 떠오르게 된다.

7. 배어법에 주의하라.

문장 중에서 각 단어의 위치, 즉 어순(語順)은 일정하지만 때때로 도치되는 경우가 있다. 이런 경우는 대개 어느 문장 부분을 강조하려고 하는 것이므로 유의할 필요가 있다. 그리고 부문장에서는 후치되어 정동사가 문미에 놓인다. 이와 같이 배어법에 따라 문장의 구조가 달라지므로 문형(文型)에 따라서 문장의 상호관계를 판단해야 한다.

8. 중단된 문장은 우선 그에 계속되는 문장을 찾아라.

갑문(甲文)이 을문(乙文) 또는 그의 문장 성분에 의해서 중단된 경우에는 우선 콤마 사이에 있는 을문 또는 그의 문장 성분을 빼고 갑문에 계속되는 문장을 찾아서 이것을 해석한 다음 독립된 부분과의 관계를 생각해야 한다.

9. 직역(直譯)이냐, 의역(意譯)이냐.

외국어를 우리말로 번역할 경우 「직역할 것인가, 의역할 것인가」하는 것이 문제가 된다. 직역한다는 것은 원문(原文)에 충실한다는 것인데, 원문의 의미를 분명하게 전달할 수 있다면 직역도 상관없겠지만 무엇보다 우리말이 자연스러워야 한다. 그러나 실제 이것은 매우 어려운 일이며 원래 구문(Satzbau)이 근본적으로 다른 외국어를 우리말로 옮기는 것이기 때문에 엄격한 의미에서 직역은 피해야 한다.

10. 직독직해(直讀直解)하라.

문장의 배어(配語)에는 각기 그 의도한 바가 있으므로 요점을 앞에 놓는 것이 보통이다. 가능하면 배열 순서대로 번역하는 것인 좋을 것이다. 그러나 부문장이 들어 있을 경우에는 부문장부터 먼저 번역해 나가야 하고, 부문장이 몇 개씩 중복되어 있을 경우에는 앞 뒤 관계가 복잡하게 되어 문장 전체의 대의(大意)를 파악하기 어려울 뿐 아니라 때로는 오역(誤譯)하게도 된다. 그것보다는 직독직해 방식에 따라 한 자 한 자를 배열 순서대로 번역하여 복합문장의 경우에도 주문장을 먼저, 부문장을 나중에 번역하는 편히 원문의 진의(眞意)를 올바르게 파악할 수 있다. 그러나 문법적으로나 논리적으로 무리없는 우리말이 된다면 굳이 직독(直讀)만을 고집할 것은 아니다.

▨ Sprichwörter 속담

* Anfang gut, Ende gut.
  (시작이 좋아야 끝이 좋다.)
* Aller Anfang ist schwer.
  (무슨 일이든지 시작이 어려운 법.)
* Übung macht den Meister.
  (노력은 성공의 어머니.)
* Ohne Fleiß, kein Preis.
  (노력 없이는 대가가 없다.)
* Kein Meister fällt vom Himmel.
  (타고 난 천재는 없다.)
* Steter Tropfen höhlt den Stein.
  (끊임없이 떨어지는 물방울이 돌을 뚫는다.)
* Zeit und Stunde warten nicht.
  (세월은 기다림이 없다.)
* Rom ist nicht in einem Tage erbaut worden.
  (로마는 하루에 이루어지지 않았다.)
* Eile mit Weile.
  (급할수록 차근차근.)
* Frisch gewagt ist halb gewonnen.
  (시작이 반이다.)
* Auf Regen folgt Sonnenschein.
  (고생 끝에 낙이 온다.)
* Alles hat seine Zeit.
  (만사는 때가 있다.)
* Ohne Saat, keine Ernte.
  (씨를 뿌리지 않으면 거둘 것이 없다.)
* Was du heute tun kannst, verschiebe nicht auf morgen!
  (오늘 할 수 있는 일을 내일로 미루지 마라.)
* Wer nicht wagt, gewinnt nicht.
  (감행하지 않는 자는 얻지 못한다.)

* Was Hänschen nicht lernt, lernt Hans nicht mehr.

　(어린 시절에 배우지 못한 바는 어른이 되어서 결코 배울 수 없다.)

* Die Feder ist mächtiger als das Schwert.

　(붓은 검(칼) 보다 강하다.)

* Erst denken, dann handeln!

　(먼저 생각한 후에 행동하라.)

* Wo ein Wille ist, ist ein Weg.

　(뜻이 있는 곳에 길이 있다.)

* Reden ist Silber, Schweigen ist Gold.

　(웅변은 은이요, 침묵은 금이다.)

* Hunger ist der beste Koch.

　(시장이 반찬이다.)

* Es ist nicht alles Gold, was glänzt.

　(빛나는 것이 모두 금은 아니다.)

* Die Wände haben Ohren.

　(낮 말은 새가 듣고 밤 말은 쥐가 듣는다.)

* Stille Wasser sind tief.

　(조용한 물이 깊다.)

* Bellende Hunde beißen nicht.

　(짖는 개는 물지 않는다.)

* Geben ist seliger als Nehmen.

　(주는 것이 받는 것 보다 더 낫다.)

* Es irrt der Mensch, solange er strebt.

　(인간은 노력하는 한 헤매인다.)

* Was du heute tun kannst, verschiebe nicht auf morgen!

　(오늘 할 수 있는 일을 내일로 미루지 마라.)

* Wer fremde Sprachen nicht kennt, weiß nichts von seiner eigenen.

　(외국어를 모르는 사람은 모국어에 관해서도 마찬가지이다.)

* Wer zuletzt lacht, lacht am besten.

　(마지막 웃는 자가 최후의 승자다.)

* Ende gut, alles gut.

　(끝이 좋아야 다 좋다.)

Erster Teil
Wir lesen Texte

Abschnitt 1. 명사의 성(性) 식별법

그 수많은 명사의 성을 일일이 기억하기란 결코 쉬운 일이 아니다.

명사의 성은 원칙적으로 사전에 의존해야 하지만 상당수 명사의 성을 식별하는데 도움을 주는 방법이 있다. 정확하고 중요한 것만을 간추려 아래에 소개한다.

1) 남성명사

(1) 생물은 대개 자연성을 그대로 따른다.

der Vater, der Sohn, der Ochs, der Hahn

(2) 요일명 · 월명 · 계절명 · 방위명의 전부

der Sonntag, der Januar, der Frühling, der Osten

(3) 동사의 어간으로 된 명사의 대부분

tanzen ⟶ der Tanz

schlafen ⟶ der Schlaf

anfangen ⟶ der Anfang

besuchen ⟶ der Besuch

예외 : arbeiten ⟶ die Arbeit

antworten ⟶ die Antwort

heiraten ⟶ die Heirat

spielen ⟶ das Spiel

loben ⟶ das Lob

(4) 기상 현상에 관계되는 명사의 대부분

der Regen, der Schnee, der Hagel, der Tau

(5) 광·물명의 대부분

der Diamant, der Rubin, der Granit, der Sand

(6) 명사의 어미에 의한 식별법

* -ig, -ich, -ing, -ling 으로 끝나는 명사의 전부
* -m, -g, -pf 로 끝나는 단음절 명사의 전부
* -ent, -ant, -at, -ist, -ismus, -or 로 끝나는 외래어 명사의 전부
* -el, -en, -er 로 끝나는 명사의 대부분

[주의] 본래의 명사가 -en 으로 끝나면 모두 남성이고, 동사의 원형이 명사화된 것은 모두 중성이다.

2) 여성명사

(1) 생물은 대개 자연성을 그대로 따른다.

die Mutter, die Tochter, die Kuh, die Henne

(2) 독일강 이름의 대부분

die Elbe, die Oder, die Weser, die Lahn

예외 : der Rhein, der Main, der Neckar. der Inn

[주의] 독일강 이외의 강 이름이 -e, -a로 끝나면 여성이고, 그외는 남성이다.

　　die Seine, die Wolga, der Nil, der Yalu

(3) 명사의 어미에 의한 식별법

＊ -ei, -ie, -in, -heit, -keit, -schaft, -ung, -cht, -ft, -st로 끝나는 명사의 전부

＊ -tät, -tur, -tion, -ik로 끝나는 외래어 명사의 전부

＊ -e로 끝나는 명사의 대부분

　3) 중성명사

(1) 지명 · 국명의 대부분

　　Seoul, Europa, Korea, Deutschland

[주의] 중성 지명, 국명을 쓸 때에는 관사를 붙이지 않는다.

(2) 금속명의 대부분

　　das Eisen, das Gold, das Silber, das Platin

(3) 본래 명사 아닌 품사가 명사화된 것은 모두 중성

　ich　　　⟶　　das Ich

　deutsch　⟶　　(das) Deutsch

　heute　　⟶　　das Heute

　essen　　⟶　　das Essen

(4) 명사의 어미에 의한 식별법

＊ -chen, -lein, -en(부정형의 명사화)로 끝나는 명사의 전부

＊ -nis, -sal, -sel, -tum, -ma, Ge -e로 끝나는 명사의 대부분

＊ -al, -il, -zip, -um, -ment로 끝나는 외래어 명사의 전부

[주의] -tum으로 끝나는 남성명사는 둘뿐 : der Reichtum, der Irrtum

---

der Morgen [mɔ́rgen] 아침
der Vormittag [fó:rmita:k] 오전
der Mittag [míta:k] 정오
der Nachmittag [ná:xmita:k] 오후
der Abend [á:bənt] 저녁
die Nacht [naxt] 밤

● 사전 찾는 법

　명사가 어느 변화에 속하는가를 사전에서는 단수 2격과 복수 1격형으로 표시해 두었다. 여성명사는 단수에서 무변화이므로 복수 1격형만을 표시해 두었다. 그러므로 단수 1격과 복수 1격을 동시에 외우는 것이 원칙이다.

강 I 식
- Onkel [m. -s, -]＝des Onkels, die Onkel
- Vater [m. -s, ᐠᐠ]＝des Vaters, die Väter
- Mädchen [n. -s, -]＝des Mädchens, die Mädchen
- Mutter [f. ᐠᐠ]＝der Mutter, die Mütter

강 Ⅱ 식
- Tisch [m. -es, -e]＝des Tisches, die Tische
- Baum [m. -(e)s, ᐠᐠe]＝des Baum(e)s, die Bäume
- Jahr [n. -(e)s, -e]＝des Jahr(e)s, die Jahre
- *Geheimnis [n. -ses, -se]＝des Geheimnisses, die Geheimnisse
- Hand [f. ᐠᐠe]＝der Hand, die Hände

강 Ⅲ 식
- Mann [m. -(e)s, ᐠᐠer]＝des Mann(e)s, die Männer
- Haus [n. -es, ᐠᐠer]＝des Hauses, die Häuser
- Kind [n. -(e)s, -er]＝des Kind(e)s, die Kinder

약 변 화
- Junge [m. -n, -n]＝des Jungen, die Jungen
- Mensch [m. -en, -en]＝des Menschen, die Menschen
- *Herr [m. -n, -en]＝des Herrn, die Herren
- Frau [f. -en]＝der Frau, die Frauen
- Blume [f. -n]＝der Blume, die Blumen
- *Lehrerin [f. -nen]＝der Lehrerin, die Lehrerinnen

혼합 변화
- Doktor [m. -s, -en]＝des Doktors, die Doktoren
- Staat [m. -(e)s, -en]＝des Staat(e)s, die Staaten
- Auge [n. -s, -n]＝des Auges, die Augen
- *Herz [n. -ens, -en]＝des Herzens, die Herzen

● 명사 변화의 일람표

	강 변 화			약 변 화	혼 합 변 화
단	Ⅰ식	Ⅱ식	Ⅲ식		
	N. —	—	—	—	—
	G. —s	—[e]s	—[e]s	—[e]n	—[e]s
	D. —	—[e]	—[e]	—[e]n	—[e]
수	A. —	—	—	—[e]n	—
복	N. (‥)	(‥)e	‥er	—[e]n	—[e]n
	G. (‥)	(‥)e	‥er	—[e]n	—[e]n
	D. (‥)n	(‥)en	‥ern	—[e]n	—[e]n
수	A. (‥)	(‥)e	‥er	—[e]n	—[e]n

1. Eine Frau hat eine Henne. Die Henne legt jeden Tag ein Ei. Die Frau ist damit aber nicht zufrieden. Sie will jeden Tag zwei Eier haben und gibt der Henne immer mehr zu fressen. Da wird die Henne zu fett und legt nun gar nicht mehr.

Ei [n.-es,-er] legen: 알을 낳다 / mit et. zufrieden sein: ～으로 만족하다/ immer+비교급＝비교급+비교급 : 점점 ～ 한 / viel - mehr - meist

2. Eines Sonntagvormittags kehrte ich mit Elisabeth von einem Spaziergang zurück. Plötzlich hörten wir hinter uns eine Fahrradklingel. Wir traten beiseite, und ich sah Friedrich, der mit großer Geschwindigkeit fuhr. Ich freute mich über die Begegnung und wollte ihn Elisabeth vorstellen, aber da erwies es sich zu meiner Überraschung, daß sie schon bekannt waren.

eines Sonntagvormittags「어느 일요일 오전에」, eines Tages「어느날」, eines Abends「어느날 저녁」, eines Nachts「어느날 밤」등은 모두 2격부사구 / mit großer Geschwindigkeit=sehr geschwindig: 매우 속력을 내어 / sich[4] über et.[4] freuen: (현재 또는 과거의) ～을 기뻐하다 / sich[4] auf et.[4] freuen: (미래의) ～을 즐겁게 기다리다 /sich[4] an et.[3] freuen: (현재의, 눈앞의) ～을 보고 즐기다 / jm. eine Person vorstellen= jn. mit einer Person bekannt machen: ～에게 어떤 사람을 소개하다 / sich[4] erweisen: 판명되다 / es 는 daß 이하의 부문을 받는다.

3. Ohne Wasser können wir nicht leben. Wir können auch ohne Luft nicht leben. Deshalb brauchen wir unbedingt Luft und Wasser, um leben zu können. Wenn es keine Luft gibt, können wir nicht atmen. Es kann auch kein Pflanzenleben und kein Tierleben geben, wenn es keine Luft gibt. Luft und Wasser sind daher für das Menschenleben mindestens so wichtig wie Reis und Brot.

deshalb=deswegen=daher=darum(그 때문에)은 부사적 접속사 / um…zu 부정형 : …하기 위하여 /ohne...zu 부정형 : …하지 않고 /anstatt...zu 부정형 : …하는 대신에 / es gibt+4격(Sg. Pl.) : ～이 있다 / keine Luft, kein Pflanzenleben

und kein Tierleben 은 모두 4 격 /mindestens=wenigstens: 적어도, 최소한 /
(eben)so ～ wie ～ : ～와 똑같이

4. Leider sind Autounfälle nicht selten. In diesem Fall hatte ein
Auto einen Fußgänger angefahren. Glücklicherweise war nicht viel
passiert; der Fußgänger hatte nur einige Schrammen am Bein abbekom-
men. Der Fahrer hielt, wie es seine Pflicht war, und rief dem
Fußgänger ärgerlich zu: „Warum passen Sie denn nicht besser auf! Sie
sind ganz allein daran schuld! Ich bin ein sehr geübter Fahrer, so
etwas kann mir nicht passieren. Seit sieben Jahren fahre ich schon
Auto······ ! "

Da unterbrach ihn der andere und sagte wütend: „Ich bin aber auch
kein Anfänger. Ich bin schon seit sechsundvierzig Jahren Fußgänger."

---

in diesem Fall: 일반적으로는 「이 경우에」란 뜻이지만, 본문에서는 「이번사고
의 경우에」란 뜻으로 해석함이 옳다 / anfahren 충돌하다 / viel 은 주어 /삼요형 :
passieren - passierte - passiert, abbekommen - bekam ab - abbekommen /die
Schramme 상처 /wie es seine Pflicht war: 그것이 그의 당연한 의무였지만 /an
et.[3] schuld(ig) sein: ～에 책임이 있다 /jn. unterbrechen: ～의 말을 가로 막다 /
der andere: 상대방

5. Ich spreche, also bin ich. Ich spreche, also bin ich ein Mensch.
„Der Mensch ist nur Mensch durch die Sprache," schrieb der Staats-
mann und Philosoph, Wilhelm von Humboldt; er lebte in der Goethe-
Zeit von 1797 bis 1835. Der Mensch ist ohne die Sprache nicht
denkbar. Nur der Mensch hat eine Sprache; am Anfang war das Wort.

Alle Menschen sprechen. Man lernt die Sprache der Gegend, wo man
lebt. Die Deutschen und die Österreicher sprechen Deutsch. Es ist
schwer zu sagen, wie viele Sprachen es gibt. Viele Völker haben
keine große Literatur in der eigenen Sprache. Dafür haben sie aber
Übersetzungen. Von keinem Werk der Welt gibt es so viele Übersetz-
ungen wie von der Bibel. Im Jahre 1968 schrieb eine Organisation der
Bibel in England zum Beispiel: Es gibt Übersetzungen der Bibel oder
Übersetzungen von Teilen der Bibel in tausenddreihundertsechsund-

zwanzig Sprachen.

---

die Sprache der Gegend, wo man lebt· wo 는 관계부사로서 선행사는 der Gegend /Es ist... zu sagen, wie viele Sprachen es gibt: Es 는 zu sagen 을 받고, wie 이하는 sagen 의 목적어 / 「es gibt+4 격 (Sg. Pl.)」 ~이 있다 /so ~ wie ~ : ~와 똑같이 /zum Beispiel (z. B.) : 예를 들면

6. Wenn meine Mutter einen Roman liest, macht sie das so : Erst liest sie die ersten zwanzig Seiten, dann den Schluß, dann blättert sie in der Mitte, und nun nimmt sie erst das Buch richtig vor und liest es von Anfang bis Ende durch. Warum macht sie das? Sie muß, ehe sie den Roman in Ruhe lesen kann, wissen, wie er endet. Es läßt ihr sonst keine Ruhe. Gewöhnt euch das nicht an! Und falls ihr es schon so macht, gewöhnt es euch wieder ab, ja?

---

der Roman 장편소설, die Novelle 단편소설 / vornenmen 착수하다 / in Ruhe: 조용히 / Es 는 den Roman lesen 을 받음 / sich³ et⁴. angewöhnen (abgewöhn-en) : ~에 습관이 들다 (습관을 버리다) /falls=wenn 「만일 …할 경우에는」 은 종속접속사

7. Albert Schweitzer hatte schon als junger Mann den Gedanken gehabt, daß wir für das Glück aller Menschen die Verpflichtung haben, das Leid anderer Menschen zu lindern und denen zu helfen, die im Unglück sind. Er entschloß sich mit 30 Jahren, als einfacher Arzt nach Afrika zu gehen und dort kranken Negern zu helfen. Er reiste mit seiner Frau nach Afrika und stellte sein eigenes Leben ganz in den Dienst hilfloser, leidender schwarzer Menschen.

---

daß 문장은 den Gedanken 의 내용을 설명하는 부문이고, zu lindern 과 zu helfen 은 die Verpflichtung 을 수식한다 / denen 은 지시대명사, der 형의 복수 3격으로서 관계대명사 die 의 선행사이다 / sich⁴ entschließen=einen Entschluß fassen: 결심하다 / mit 30 Jahren=als er dreißig Jahre alt war / der Dienst 봉사

8. Liebste Mutter!

Am kommenden Sonntag ist Muttertag, der Tag, an dem alle Kinder in Liebe und Dankbarkeit ihrer Mutter gedenken. Zum ersten Male bin ich fern von der Heimat und kann Dir daher nur in einigen Zeilen meine herzlichsten Wünsche übermitteln. Aber sei versichert, daß ich dennoch an diesem Tage in besonderer Dankbarkeit Deiner gedenken will und Dir noch ein langes Wirken und Schaffen für uns alle wün-sche. Ich will mich jetzt und in Zukunft bemühen, etwas Tüchtiges zu lernen, da ich weiß, daß Dir dies die größte Freude macht. Bleibe auch weiterhin gesund!

　　　　　　　　　　　　　　　　　Dein dankbarer Sohn
　　　　　　　　　　　　　　　　　　　Robert

dem 은 관계대명사로서 선행사는 der Tag /js. gedenken: ~를 생각하다, ihrer Mutter 는 2격 / 편지에서는 du, deiner, dir, dich 와 소유대명사 dein 을 대문자로 쓴다 / übermitteln 전달하다 / sei versichert 는 du 에 대한 명령형, 형용사 versichert 는 본래는 타동사인 versichern 「확신시키다」의 과거분사로서 본문에서는 sein 과 결합하여 상태수동 /Wirken(영향)과 Schaffen(활동)은 동사의 부정형의 명사화 / sich⁴ bemühen: 노력하다 / etwas Tüchtiges 「어떤 쓸모있는 일」는 동격으로 형용사 강변화의 중성 4격 / da=weil 「…때문에」은 종속접속사

9. Jeder Deutsche spricht Deutsch, aber nicht jeder Deutsche kann jeden anderen Deutschen verstehen. Ein ungebildeter Mann aus dem Norden Deutschlands kann einen ungebildeten Mann aus dem Süden überhaupt nicht verstehen, obgleich sie beide Deutsch sprechen. Die deutsche Sprache hat nämlich mehrere Dialekte, die sehr verschieden sind.

jeder Deutsche 는 형용사의 약변화, 독일사람(der Deutsche)은 형용사의 변화를 따른다 / der Osten「동」, der Westen「서」, der Süden「남」, der Norden「북」/ aus dem Norden (Süden) : 북부(남부)출신 / obgleich=obwohl=ob-schon「…에도 불구하고」는 종속접속사 / sie beide: 그들 두사람 /nämlich=denn 「왜냐하면」은 동위접속사, nämlich 는 문장 첫머리에 있거나 중간에 있거나 어순

에는 영향이 없다.

1 0. Ich schreibe den Brief mit der Schreibmaschine. Ich unterschreibe den Brief. Ich stecke den Brief in einen Umschlag. Ich schreibe die Anschrift des Empfängers auf den Umschlag. Ich gehe mit dem Brief zum Postamt. Ich frage am Schalter: „Wie lange dauert ein Brief nach München?" „Ein gewöhnlicher Brief geht von hier bis München ungefähr drei Tage." „Dann möchte ich diesen Brief mit der Eilpost schicken. Was kostet das Porto?" „Dreißig Pfennig." Ich kaufe am Schalter eine Briefmarke zu dreißig Pfennig. Ich klebe die Briefmarke auf den Umschlag. Ich stecke den Brief in den Briefkasten.

---

et.[4] unterschreiben「서명하다」는 비분리동사 / der (Brief)umschlag 편지봉투/ die Anschrift 수신인의 주소 성명 / der Schalter 창구 / ungefähr＝etwa: 약/ die Eilpost 속달 / das Porto 우편요금 / eine Briefmarke zu dreißig Pfennig: 30 페니히짜리 우표

▶ **Bitte, wiederholen Sie!**		
essen:	du ißt	er ißt
lesen:	du liest	er liest
geben:	du gibst	er gibt
nehmen:	du nimmst	er nimmt
treten:	du trittst	er tritt
halten:	du hältst	er hält
laden:	du lädst	er lädt
laufen:	du läufst	er läuft
haben:	du hast	er hat
werden:	du wirst	er wird
wissen:	ich weiß　du weißt	er weiß

Abschnitt 2.　형용사 변화의 종합

(1) 형용사의 강변화 (형용사+명사)

형용사 앞에 관사 또는 관사류가 없이 형용사만이 명사의 부가어로 쓰일때 형용사의 어미는 정관사와 같은 어미 변화를 한다.

	m.	f.	n.	pl.
N.	-er	-e	-es	-e
G.	-es (en)	-er	-en	-er
D.	-em	-er	-em	-en
A.	-en	-e	-es	-e

圈 ① 남성 2격의 형용사 어미는 명사의 2격 어미가 <-s>일 때 (강·혼합변화 명사)는 -en 으로 하고, 명사의 2격 어미가 <-n>일 때(약변화 명사)는 -es 로 한다.

② 중성 2격의 형용사 어미는 언제나 -en 이다. 중성명사는 약변화 명사에 해당이 없기 때문이다.

		m.	f.	n.
단	N.	alt-er Wein	kühl-e Luft	rot-es Licht
	G.	alt-**en** Wein**s**	kühl-er Luft	rot-**en** Licht**es**
수	D.	alt-em Wein	kühl-er Luft	rot-em Licht
	A.	alt-en Wein	kühl-e Luft	rot-es Licht

복	N.	fleißig-e Kinder
	G.	fleißig-er Kinder
	D.	fleißig-en Kindern
수	A.	fleißig-e Kinder

※ N. gut-er Junge
　 G. gut-**es** Junge**n**
　 D. gut-em Jungen
　 A. gut-en Jungen

(2) 형용사의 약변화 (der[dieser]+형용사+명사)

형용사 앞에 정관사 또는 정관사류 (dieser, jener, jeder, aller, mancher, solcher, welcher)가 있을 때 형용사는 약변화 어미 변화를 한다.

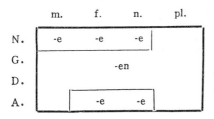

[註] 약변화 어미의 특징 : 남성 1격과 여성·중성 1격과 4격의 5개소는 -e 이고 그 나머지는 모두 -en이다.

		m.	f.	n.
단	N.	der gut-e Mann	die gut-e Frau	das gut-e Kind
	G.	des gut-en Mannes	der gut-en Frau	des gut-en Kindes
수	D.	dem gut-en Mann	der gut-en Frau	dem gut-en Kind
	A.	den gut-en Mann	die gut-e Frau	das gut-e Kind
복	N.	die gut-en Männer	(Frauen, Kinder)	
	G.	der gut-en Männer	(Frauen, Kinder)	
수	D.	den gut-en Männern	(Frauen, Kindern)	
	A.	die gut-en Männer	(Frauen, Kinder)	

(3) 형용사의 혼합변화 (ein[mein]＋형용사＋명사)

형용사 앞에 부정관사 또는 부정관사류(소유대명사와 kein)등이 있을 때 형용사
는 혼합변화 어미 변화를 한다.

	m.	f.	n.	pl.
N.	-er	-e	-es	[강] -e [약] -en
G.		-en		-er -en
D.				-en -en
A.	-en	-e	-es	-e -en

[註] (1) 혼합변화의 단수 :
단수 1격과 4격은 정관사 어미와
같고 2격과 3격은 모두 -en이다.
(2) 혼합변화의 복수 :

1) 부정관사 ein 은 복수형이 없기 때문에 복수에서는 무관사가 되므로 자동적으로
강변화 복수형을 취하게 된다.
2) mein과 kein등 부정관사류는 복수에서 정관사 어미 변화를 하므로 그뒤에 오
는 형용사는 자동적으로 약변화 복수형을 취하게 된다.

		m.	f.	n.
단	N.	ein gut-er Mann	eine gut-e Frau	ein gut-es Kind
	G.	eines gut-en Mannes	einer gut-en Frau	eines gut-en Kindes
수	D.	einem gut-en Mann	einer gut-en Frau	einem gut-en Kind
	A.	einen gut-en Mann	eine gut-e Frau	ein gut-es Kind
복	N.	[강] gut-e Männer	[약] meine gut-en Kinder	
	G.	gut-er Männer	meiner gut-en Kinder	
수	D.	gut-en Männern	meinen gut-en Kindern	
	A.	gut-e Männer	meine gut-en Kinder	

≪ 重 要 語 句 ≫

* Frühstück nehmen 아침 식사하다
* Arznei nehmen 약을 복용하다
* Unterricht nehmen 수업을 받다
* Platz nehmen 앉다
* Taxi nehmen 택시를 타다
* Violine spielen 바이얼린을 연주하다
* Klavier spielen 피아노를 치다
* Tennis spielen 정구를 치다
* Fußball spielen 축구를 하다
* Karten spielen 트럼프 놀이를 하다
* Rolle spielen 역할을 하다
* Spaziergang machen 산보하다
* Ausflug machen 소풍가다
* Reise machen 여행가다
* Fortschritte machen 진보하다
* Versuch machen 시도하다
* Prüfung(Examen) machen 시험치다
* Fehler machen 오류를 범하다
* Feuer machen 불을 피우다
* Besuch machen 방문하다
* Rast machen 쉬다
* Einkäufe machen 물건을 사다
* Schi laufen 스키이를 타다
* Sport treiben 운동을 하다

* Früchte tragen 열매를 맺다
* Ring tragen 반지를 끼고 있다
* Brille tragen 안경을 쓰고 있다
* Hut tragen 모자를 쓰고 있다
* Anzug tragen 옷을 입고 있다
* Frage stellen 질문하다
* Satz bilden 문장을 만들다
* Leben führen 생활을 영위하다
* Entschluß fassen 결심하다
* Einfluß haben 영향을 끼치다
* Eier legen 알을 낳다
* Wurzel schlagen 뿌리를 박다
* Dienst leisten 근무하다
* Linie ziehen 선을 긋다
* Preis gewinnen 상을 타다
* Sieg gewinnen 승리를 얻다
* Salz tun 소금을 치다
* Tinte tun 잉크를 넣다
* Rede halten 연설하다
* Vortrag halten 강연하다
* Hochzeit halten 결혼식을 거행하다
* Versprechen halten 약속을 지키다
* Vertrag schließen 계약을 맺다
* Freundschaft schließen 우정을 맺다

● sein, haben, werden 동사의 현재인칭변화

부 정 형		sein	haben	werden
단　　수	ich	bin	habe	werde
	du	bist	hast	wirst
	er ⎱ sie ⎬ es ⎰	ist	hat	wird
복　　수	wir	sind	haben	werden
	ihr	seid	habt	werdet
	sie	sind	haben	werden
존　　칭	Sie	sind	haben	werden

11. Es war in Berlin vor achtzehn Jahren kurz nach dem Kriegs-
ende, als wir Berliner noch in Kummer und Sorgen ein unruhiges
Leben führten. Dauernd drohte uns der Hungertod. Mein Vater war
in der russischen Gefangenschaft. Es war kalt. Wir hatten gar nichts,
weder Brot noch Butter. Da kam Weihnachten. Weihnachtsgeschenk,
das uns Kindern eigentlich eine große Freude bereiten sollte, gab es
nicht. Es schneite draußen. Wir saßen verzweifelt, schweigend, still
wie kleine Mäuschen, im kalten Zimmer und wir konnten nichts anders
als vergebens darauf warten, daß nun ein Wunder auf uns niederfällt.
Da klopfte jemand an die Tür. Meine Mutter machte die Tür auf und
fand vor sich einen miserablen Soldaten. „Sie wünschen?" fragte sie
etwas beangstigt. Der Mann aber gab keine Antwort, kam herein, und
machte die Tür hinter sich zu, schaute uns von einem zum anderen.
Wir standen alle da, als wären wir zu Steinen geworden. „Wer sind
Sie?" sagte mein Bruder bedrückt und im nächsten Augenblick stieß
die Mutter, Tränen in den Augen, heraus: „Das ist doch euer Vater,
Kinder!"

----

der Kummer 슬픔, die Sorge 근심 / ein Leben führen: 생활을 하다 / weder···
noch... : ...도 ...도 아니다, entweder...oder... : ...이거나 아니면 ...이다 / Weih-
nachten「성탄절」, Ostern「부활절」, Pfingsten「성신강림절」은 모두 복수형이다.
그러나 무관사이면 중성으로서 동사는 단수, 정관사가 붙으면 동사는 복수이다
/Weihnachtsgeschenk 는 4 격으로 es gab 의 목적어 / jm. eine Freude bereiten
=jm. eine Freude machen: ～를 기쁘게 하다 / nichts anders als...:...이외의 다
른 아무것도 / vergebens=vergeblich=umsonst: 헛되이 / auf et.⁴ warten : ～을
기다리다 / darauf 는 daß 이하의 부문을 받음 / an die Tür klopfen : 문을 두드
리다 / aufmachen 열다, zumachen 닫다 / miserabel 가련한 / von einem zum
anderen: 차례차례로 / als+동사(접속법 Ⅱ식)+주어=als ob+주어──▶동사(접속
법 Ⅱ식) : 마치 …처럼 /Das ist doch... : doch 는 강조

12. Die Nacht war so rein und klar, daß man das Ufer auf der and-
eren Seite des Sees sehen konnte. Schweigend standen die majestätischen
Berge, bedeckt von ewigem Schnee, und an ihrem Fuße schliefen
Felder und Wälder. Die Welt war so schön, daß dem Menschen die

Worte dafür fehlten. Doch heute tat diese Schönheit der Natur der
Schwester weh.

---

so…, daß… : ①…하프로 …하다(결과) ②…(daß 이하)할 정도로 …하다(정도)
/majestätisch 장엄한 /am Fuße des Berges: 산 기슭에 /dafür 는 Die Welt war
so schön 을 받음 /jm. weh tun: ～에게 고통을 주다, der Schwester 는 3격

13. Die Schweiz gehört zu den kleinsten Ländern Europas, aber
sie ist keineswegs das unbedeutendste. Im Gegenteil, sie ist ebenso
berühmt wie die größeren Länder, denn sie gehört zu den schönsten
Ländern der Welt.

Welche Jahreszeit ist in der Schweiz am schönsten? Das ist schwer
zu sagen, denn jede Jahreszeit hat ihren besonderen Reiz. Im Winter
ist das Land ebenso schön wie im Sommer. Im Sommer kann man die
besten Ausflüge machen und die entlegeneren Örter besuchen. Aber der
Winter ist die Zeit der beliebten Schnee- und Eisvergnügen. Im Winter
liegt der Schnee überall, sogar in den tiefsten Tälern. Mit der Ankunft
der wärmeren und längeren Tage werden die Täler täglich grüner, und
die Schneegrenze steigt höher und höher. Dann blühen allerlei Blumen
und die buntesten Farben sind überall zu sehen. Mit dem größten
Recht nennt man die Schweiz den Garten Europas.

---

zu et. (Pl. 3격) gehören: ～중의 일원(일부)이다 /keineswegs=nie=nimmer:
결코 ～(하지)않다 /unbedeutend 중요하지 않은, das unbedeutendste 다음에는
Land 가 생략되었음 /im Gegenteil: 그반대로 /größer, entlegener, wärmer und
länger 등은 모두 절대적 비교급 /höher und höher=immer höher 점점높이 /
-erlei 로 끝나는 형용사는 어미변화를 하지 않는다 /sein+zu 부정형 : ①…될 수
있다(수동의 가능)②…되어야 한다(수동의 필연)/mit dem größten Recht: 지당
하게 /et.⁴ et.⁴ nennen: ～을 ～이라고 부르다

14. Wien ist ziemlich weit entfernt von München. Da uns Herr
Schmidt eingeladen hatte, fuhren wir viele Stunden mit dem D-Zug
nach Wien. Die Fahrkarte kostete 24 DM für jede Person. Herr Sch-
midt ist ein Professor. Bevor wir die Grenze von Österreich erreichten,

verließen wir den Zug und besichtigten den Königssee. Wir interes-
sierten uns besonders für seine Schönheit. Nach der Besichtigung
brachte uns anderer Zug bald über die Grenze nach Österreich.

---

da=weil 「...때문에」은 종속접속사 /viele Stunden 은 4격부사구 /der D-Zug
(Durchgangszug) : 급행열차 /DM (Deutsche Mark) : 독일화폐단위 /bevor=ehe
「...하기 전에」는 종속접속사 /et.⁴ erreichen: ～에 도달하다 /sich⁴ für et. inte-
ressieren: ～에 흥미(관심)를 가지다

15. Ich stehe um vier Uhr auf. Die Sterne scheinen noch und
manchmal der Mond, und zu Beginn der Arbeit ist nur der Kuckuck
noch außer mir wach. Der Brunnen rauscht leise. Ich brauche diese
ruhige Einsamkeit, bevor ich zur Feder greife und das erste Wort
schreibe. Sie gibt den Frieden und die Sehnsucht des Herzens, die
nötig sind, damit das Tor für die Worte sich öffnet.

---

zur Feder greifen: 펜을 잡다, 집필하다 /Sie 는 diese ruhige Einsamkeit 를
받음 /관계대명사 die 의 선행사는 den Frieden und die Sehnsucht des Herzens
/damit=auf daß 「...하기 위하여」는 종속접속사

16. Das Auto hält vor dem Hotel. Ich steige aus. Der Portier
nimmt mir das Gepäck ab. Er führt mich zum Empfangsbüro. Ich frage
dort: „Haben Sie ein Zimmer frei?" „Es ist nur ein kleines Zimmer
im zweiten Stock frei." „Kann ich mir das Zimmer ansehen?" „Mit
Vergnügen." Der Hoteldiener führt mich im Fahrstuhl hinauf. Das
Zimmer gefällt mir. „Was kostet dieses Zimmer?" „Acht Mark pro
Tag." „Ist Frühstück einbegriffen?" „Das ist extra. Zwei Mark pro
Tag." Ich gehe wieder zum Empfangsbüro hinunter und sage: „Ich
möchte das Zimmer nehmen." „Bitte sehr. Wie lange gedenken Sie zu
bleiben?" „Ich denke eine Woche zu bleiben." Ich schreibe meinen Namen
in das Fremdenbuch.

---

der Portier 문지기 /jm. et.⁴ abnehmen:～에게서 ～을 빼앗다 /das Empfangs-

büro 프론트 /frei 빈, besetzt 차지된 (방 · 좌석) /im zweiten Stock: 3 층에 /sich³
et.⁴ ansehen: ～을 구경하다 /mit Vergnügen: 기꺼이 /der Fahrstuhl 엘리베이터
/pro Tag: 1 일에 /einbegriffen 포함되어 /extra 별도 /das Fremdenbuch 숙박계

17. Liebe Eltern! Ich kann Euch die freudige Mitteilung machen,
daß Luise diese Nacht um zwei Uhr einen gesunden Jungen geboren
hat. Wir sind ja so glücklich. Nach fünf Jahren des Wartens ist uns
endlich unser Wunsch in Erfüllung gegangen. Ich habe Luise zur Klinik
begleitet und mußte dort stundenlang im Gang warten; Dr. Heinrich
wollte mich nicht zu ihr lassen. Luises Befinden ist ausgezeichnet. Zur
Taufe müßt Ihr unbedingt kommen, das Kind soll Onkel Eduards
Namen haben, aber Onkel Moritz wird ja böse sein, daß wir das Kind
nicht nach ihm nennen.

【註】━━━━━━━━━━

편지에서는 ihr, euer, euch, euch 와 소유대명사 euer 를 du 의 경우와 같이
대문자로 쓴다 /daß 문장은 Mitteilung 의 내용문 /diese Nacht=heute nacht/
uns 는 이해(利害) 관계를 표시하는 3 격 /in Erfüllung gehen: 실현되다 /lassen
앞에 gehen 을 보충해도 좋다 /Das Kind soll Onkel Eduards Namen haben.
(=Ich will dem Kind Onkel Eduards Namen geben.) Onkel Eduards=des
Onkels Eduard, 인명앞에 칭호뿐인 경우에는 인명만이 변화하고 칭호는 무변화,
칭호앞에 정관사가 붙으면 칭호만이 변화하고 인명은 무변화 / jn. nach e-r Person
nennen: ～에게 어떤사람의 이름을 주다

18. Jedermann weiß, daß der Rhein einer der schönsten Flüsse der
Welt ist. Ich hoffe, die berühmte Rheinreise zu machen. Einer meiner
Freunde hat empfohlen, daß wir diese Reise mit einem Dampfer machen
und ich glaube, er hat recht, denn man fährt zu schnell mit dem Auto
oder mit dem Zug. Ein anderer Freund empfiehlt, daß wir ein paar
Wochen in München und Wien zubringen, da die Leute da viel froher
und lustiger sind, als die Leute in Norden. Besonders in Wien, sagt
er, singen die Leute den ganzen Tag und tanzen die ganze Nacht. Man
wird sich da sehr amüsieren, nicht wahr?

【註】━━━━━━━━━━

einer der schönsten Flüsse=einer von den schönsten Flüssen: 가장 아름다

운 강중의 하나, einer meiner Freunde=einer von meinen Freunden: 나의 친
구들 중의 한사람, 위의 einer 는 부정대명사로서 정관사 어미변화를 한다. Fluß
와 Freund 가 모두 남성명사이므로 남성형을 사용하였음 /er hat recht=er ist
richtig: 그의 말(생각·행위)은 옳다 /viel+비교급=훨씬...한 /den ganzen
Tag「하루 종일」, die ganze Nacht「밤새도록」은 4격부사구 /nicht wahr? 그렇
지? 안그래?

19. Die deutsche Sprache ist eine lebendige Sprache. Der Deutsche
kann selbständig Wörter bilden, die er vielleicht selbst noch nie gehört
oder gelesen hat. Ob solche Wörter gutes Deutsch sind, hängt meist
davon ab, ob sie für das deutsche Ohr schön, gut und deutsch klingen.
So verändert sich der Wortschatz des Deutschen dauernd. Neue Wörter
entstehen, aber alte sterben und vergehen.

die deutsche Sprache=das Deutsche=Deutsch: 독일어 /selbständig 독자적
으로 /ob「…인지」는 종속접속사 /von et. abhangen=von et. abhängig sein:
~에 달려 있다. davon 은 ob 이하의 부문을 받음 /alte 다음에는 Wörter 가 생
략되었음.

20. Vor der Abreise packe ich meine Kleider in den Reisekoffer.
Wenn die Stunde der Abfahrt gekommen ist, bestelle ich ein Auto und
fahre zum Bahnhof. Auf dem Bahnhof kaufe ich am Schalter meine
Fahrkarte. Ich sage: „Frankfurt, erster [Klasse], einfach," oder, „Ham-
burg, zweiter hin und zurück." Ich rufe einen Gepäckträger und gebe
ihm meinen Reisekoffer. Ich gehe zum Bahnsteig oder, wenn der Zug
nicht gleich abfährt, in den Wartesaal. Der Lautsprecher kündigt die
Ankunft des Zúges an. Ich zeige meine Fahrkarte vor und der Bahn-
hofsbeamte an der Sperre locht die Fahrkarte. Der Zug hat fünf Minuten
Aufenthalt. Ich steige ein, suche mir einen guten Platz und lege
meinen Koffer ins Gepäcknetz. Der Bahnhofsvorsteher gibt das Zeichen
zur Abfahrt. Der Zug setzt sich in Bewegung.

die Fahrkarte 차표 /erster Klasse「1등」, zweiter Klasse「2등」는 2격숙어적
표현 /einfach 편도, hin und zurück 왕복 /der Bahnsteig 프래트폼 /der Warte-

saal 대합실 /der Lautsprecher 확성기 /ankündigen 알리다 /die Sperre 개찰구/
Fahrkarten lochen: 개찰하다 /der Bahnhofsvorsteher 역장 /das Zeichen zur
Abfahrt: 발차신호/ sich in Bewegung setzen: 움직이다

Der Lindenbaum   보 리 수

Wilhelm Müller   윌헬름 뮐러

Am Brunnen vor dem Tore   성문앞 우물 곁에
da steht ein Lindenbaum;   서있는 보리수
ich träumt' in seinem Schatten   나는 그 그늘 아래
so manchen süßen Traum.   단꿈을 꾸었네.

Ich schnitt in seine Rinde   줄기에 새겨놓은
so manches liebe Wort;   사랑의 말씀은
es zog in Freud' und Leide   기쁘나 괴로우나
zu ihm mich immer fort.   항상 날 이끄네.

Ich mußt' auch heute wandern   오늘도 밤이 깊어
vorbei in tiefer Nacht,   그곳을 거닐제
da hab' ich noch im Dunkeln   어두움 속에서도
die Augen zugemacht.   두 눈을 감았네.

Und seine Zweige rauschten,   가지는 속삭이며
als riefen sie mir zu: 날부르는 듯이
Komm her zu mir, Geselle,   친구여 이리 와서
hier findest du deine Ruh'!   평안히 쉬소서.

Die kalten Winde bliesen   찬바람이 불어와
mir grad' ins Angesicht,   얼굴에 스치고
der Hut flog mir vom Kopfe,   모자를 날리어도
ich wendete mich nicht.   줄기가 싫었네.

Nun bin ich manche Stunde   지금은 그 곳에서
entfernt von jenem Ort,   멀리와 있건만
und immer hör' ich's rauschen: 들려오는 속삭임
Du fändest Ruhe dort!   그곳이 안식처.

Abschnitt 3. 전치사의 종합

1) 2격 지배 전치사

(an)statt 「~대신에」   : *(an)statt des* Onkels
während 「~동안에」   : *während des* Frühlings
wegen 「~때문에」   : *wegen der* Krankheit
trotz (=ungeachtet) 「~에도 불구하고」   : *trotz des* Regens
außerhalb 「~외부에」   : *außerhalb der* Stadt
innerhalb 「~내부에」   : *innerhalb des* Hauses
oberhalb 「~상부에」   : *oberhalb des* Tales
unterhalb 「~하부에」   : *unterhalb der* Brücke
diesseit(s) 「~이쪽에」   : *diesseit(s) des* Flusses
jenseit(s) 「~저쪽에」   : *jenseit(s) des* Berges
unweit (=unfern) 「~멀지 않는 곳에」   : *unweit des* Hauses
um ~ willen 「~을 위하여」   : *um der* Ehre *willen*
längs (entlang) 「~을 따라서」   : *längs des* Flusses
laut 「~에 의하면」   : *laut seines* Briefes
halben (=halber) 「~때문에」   : *des* Studiums *halben*

2) 3격 지배 전치사

aus (~에서)부터	zu ~에게, ~로
bei ~옆에, ~집에, ~때에	von ~부터, ~관하여
mit ~와 함께, ~로	~의하여, ~의
seit ~이래로	gegenüber ~맞은편에
nach ~향하여 (장소)	entgegen ~을 반대하여
~후에 (시간)	gemäß ~좇아, ~에 따라
außer ~제외하고, ~밖에	zuwider ~에 반(反)하여

笛 gegenüber, entgegen, gemäß, zuwider 는 보통 후치로 쓰인다.

〈장소〉 aus   Die Mutter bringt das Essen *aus der* Küche.
             Richard kommt *aus* London. Er wohnt dort.
             Er trinkt Bier *aus einem* Glas.

       von   Er hat das Geld *von seinem* Vater.
             Der Zug kommt *von* Mainz.

       nach   Wir fahren *nach* Köln.
             Er reist *nach* Amerika.
             Er geht *nach* oben.

zu	Wir gehen *nach* Hause.
	Wir gehen *zu einem* Freund.
	Robert geht *zur* Universität.
	Er geht *zum* Bahnhof.
	Ich gehe *zum* Essen.
	Ich bin *zu* Hause.
außer	Niemand *außer dir* kann es tun.
	Er steht *außer dem* Hause.
bei	Hans wohnt *bei seiner* Tante.
	Mein Hotel ist *beim* Bahnhof.
mit	Ich schreibe *mit einem* Füller.
	Wir fahren *mit dem* Auto.
	Er lernt *mit seinem* Freund.
gegenüber	Die Wohnung liegt *der* Post *gegenüber*.
entgegen	Die Soldaten marschieren *dem* Feinde *entgegen*.
gemäß	Er tut es *seinem* Versprechen *gemäß*.
zuwider	Er handelt *meinem* Befehl *zuwider*.
〈시간〉 nach	*Nach der* Vorlesung geht er spazieren
	Was machst du *nach dem* Essen?
seit	Ich wohne *seit einer* Woche hier.
	Er studiert *seit* drei Jahren.
bei	*Beim* Lesen braucht er eine Brille.
	Bei seiner Ankunft regnete es.
	Er ist *bei der* Arbeit.
	Er ist *beim* Essen.

3) 4격 지배 전치사

durch ～통과하여, ～인하여	um ～주위에
gegen ～향하여 (대항하여)	bis ～까지
für ～위하여	wider ～에 반대하여
ohne ～없이	

⊞ entlang (…을 따라서)은 명사 앞에서는 2격 지배, 명사 뒤에서는 4격 지배이다. *entlang des* Flusses, *den* Fluß *entlang* (강을 따라서)

durch: Wir machen einen Spaziergang *durch den* Wald.

Sie fährt *durch* Frankreich nach Spanien.

Durch den Krieg wurde die Stadt zerstört.

Ich schicke den Brief *durch einen* Boten.

gegen: Das Auto fährt *gegen ein* Haus.

Der Soldat kämpft *gegen den* Feind.

Er schwimmt *gegen den* Strom.

Er ist freundlich *gegen die* Freunde.

Gegen 8 Uhr komme ich zum Essen.

für: Er kauft ein Fahrrad *für seinen* Sohn.

Hier ist ein Brief *für* Peter.

Der Vater bezahlt *für seinen* Sohn die Zimmermiete.

4) 3·4격지배 전치사

an 곁에 (곁으로)	auf 위에 (위로)	hinter 뒤에 (뒤로)
in 안에 (안으로)	neben 옆에 (옆으로)	über 위에 (위로)
unter 아래에 (아래로)	vor 앞에 (앞으로)	zwischen 사이에 (사이로)

* 사람 또는 사물의 정지 상태이거나 일정한 장소 내에서의 운동을 나타낼 때는 3격을 지배하고, 운동의 방향을 가리킬 때는 4격을 지배한다. (3정 4동)

● 전치사와 정관사와의 결합형

am ＜am dem   im ＜in dem   zum ＜zu dem

ans ＜an das   ins ＜in das   zur ＜zu der

beim ＜bei dem   aufs ＜auf das   fürs ＜für das

vom ＜von dem   ums ＜um das   durchs ＜durch das

＜ 重 要 語 句 ＞

* aus Berlin (백림 출신의)

* aus (von) Gold (금으로 만들어진)

* aus Erfahrung (경험으로)

* bei dem Onkel wohnen (아저씨 집에 거주하다)

* bei weitem (훨씬)

* bei dieser Gelegenheit (이 기회에)

* mit dem Auto fahren (자동차를 타고 가다)

* nach Haus gehen (집으로 가다)

* der Zeitung nach (신문에 의하면)

* nach dem Gesetz (법률에 따라서)

* nach und nach＝mit der Zeit (점차로)

* seit langem (오래 전부터)

* seit alters=von alters her (옛부터)
* von nun an (지금부터)
* von heute an (오늘부터)
* von Zeit zu Zeit (때때로)
* von Tag zu Tag (매일)
* von jung (Jugend) auf (젊어서부터)
* von Kindheit auf (유년시절부터)
* von Natur=von Haus aus (원래, 천성적으로)
* von selbst (스스로)
* zu Haus sein (집에 있다)
* zu Fuß gehen (도보로 가다)
* zu Bett (ins Bett) gehen (취침하다)
* zur Erholung (휴양하기 위하여)
* zum Erstaunen (놀라웁게도)
* zum Fenster hinaus (창문에서 밖으로)
* zum Geburtstag (생일에)
* zu Weihnachten (성탄절에)
* zu Ostern (부활절에)

21. Vor etwa einem Jahrhundert ging man meistens zu Fuß, und eine lange Reise war immer mit den größten Schwierigkeiten verbunden, aber in der Gegenwart ist eine Reise um die Welt nicht sehr schwer, weil man dafür verschiedene Verkehrsmittel benutzen kann, die aus den Flugzeugen, Dampfschiffen, Schnellzügen, Autos und so weiter bestehen. Selbst eine Reise nach dem Mond ist heute kein Wunschtraum mehr. Es handelt sich bei diesem Fall um die Fortschritte der Wissenschaften. Die Naturwissenschaft herrscht vor allem im 20. Jahrhundert.

zu Fuß gehen: 도보로가다 /verbinden 「결합하다」의 P.P.인 verbunden 이 sein 과 결합하여 상태수동을 이룸 /eine Reise um die Welt: 세계일주여행, dafür 는 eine Reise um die Welt 를 받음 /aus et. bestehen: ~으로 구성되다, auf et.[3] bestehen: ~을 주장하다 /und so weiter 등등 /selbst eine Reise nach dem Mond: 달나라 여행조차 /es handelt sich um et.: ~이 문제이다 /vor allem: 무엇보다도, vor allen: 누구보다도

22. Du mußt nicht über andere urteilen, bevor du sie genügend kennst. Denn gar viele, die du für gut hältst, sind nicht so vortrefflich, andere aber, die du als schlecht ansiehst, sind in vielem doch noch besser, als du glaubst.

andere (다른 사람들), viele (많은 사람들)는 부정대명사 복수형으로서 정관사 어미변화를 한다. sie 는 andere 를 받음 /jn. für et. halten=jn. für(od. als) et. ansehen: ~를 ~으로 간주하다 /vortrefflich 훌륭한 /noch+비교급=더욱더 ~한

23. Der Hund ist ein Haustier. Auch die Katze ist ein Haustier. Sie leben beide mit dem Menschen. Aber die Art und Weise, wie sie mit dem Menschen leben, ist ganz verschieden.

Der Hund ist nicht nur ein guter Kamerad des Menschen, sondern auch sein treuer Diener. Er betrachtet den Menschen nicht nur als seinen Freund, sondern auch als seinen Herrn, ja als seinen Gott. Jede Laune des Menschen ist ihm absoluter Befehl. Er kennt kein Aufbegehren, er kennt nur blinden Gehorsam. Der Mensch mag ihn freundlich behandeln oder grausam: immer blickt er treuherzig zu ihm auf und wedelt mit dem Schwanz.

Wie ganz anders ist die Katze! Sie lebt zwar bei dem Menschen, aber nicht mit dem Menschen. Sie liebt die Nähe des Menschen, aber nicht den Menschen selbst. Nicht wir, sondern unsere Wohnung ist ihr unentbehrlich. Wir selbst sind ihr nichts. Wenn wir umziehen, so geht sie nicht mit uns. Sie bleibt in der alten Wohnung. Wenn wir sie mitnehmen, so läuft sie uns gleich weg und geht nach dem alten Hause zurück. Dem Hunde dagegen bedeutet der Mensch alles, seine Wohnung nichts. Sein Herr mag ziehen, wohin er will, der Hund folgt ihm gewiß. Man kann mit dem Hunde spazieren gehen, mit der Katze aber nicht. Der Hund ist nur froh, wenn er bei seinem Herrn sein darf. Die Katze ist nur froh, wenn sie in ihrem Hause bleiben darf. Denn sie betrachtet die Wohnung ihres Herrn als ihr eigenes Haus. Sie selbst ist die Herrin des Hauses, nicht der Mensch. Der Mensch sagt: Wir halten eine Katze. Die Katze denkt: Wir halten Menschen. Der Mensch sagt: Die Katze ist ein unnützes Haustier. Die Katze sagt: Der Mensch ist ein nützliches Haustier.

---

sie 와 beide 는 동격으로 der Hund 와 die Katze 를 말함 /die Art und Weise 방법, wie 는 방법을 나타내는 관계부사로서 선행사는 die Art und Weise /nicht nur (od. allein, bloß)···, sondern auch...: ...뿐만 아니라 ...도 /jn. als et. betrachten: ～를 ～으로 간주하다 /das Aufbegehren 반항 /zwar..., aber (od. doch)...: 사실 ...이기는 하나. aber 를 쓰면 정치, doch 를 쓰면 도치 /umziehen 이사하다 /seine Wohnung 다음에는 bedeutet 가 생략되었음 /⟨mögen+의문사+wollen⟩은 「···할지라도」와 같은 인용(認容)의 뜻으로 쓰이며, 이러한 인용문 다음의 주문은 보통 정치법을 쓴다. Sein Herr mag ziehen, wohin er will, der Hund folgt ihm gewiß. (자기주인이 어디로 가면 그 개는 틀림없이 자기주인을 따라간다.) Er mag sagen, was er will, ich glaube ihm nicht.: (그가 무슨 말을 하든 나는 그의 말을 믿지 않는다.)

24. In Griechenland lebte einmal ein weiser Mann, der sich allerlei Sonderbarkeiten angewöhnt hatte. Er glaubte, der Mensch sei desto glücklicher, je weniger er zum Leben notwendig habe, wohnte in

einem Fasse, begehrte weder Geld noch schöne Kleider und hatte nichts
nötig als Sonnenschein.

---

sich³ et.⁴ angewöhnen=sich⁴ an et.⁴ (an)gewöhnen: ～에 익숙해지다 /
je+비교급+주어──→동사(후치)　　　desto(umso)+비교급+동사+주어(도치)
　　…하면 할수록(부문)　　　，　　　　더욱더 …하다(주문)
/begehren 열망하다 /weder…noch… : …도…도 아니다 /nichts…, als…: …이외
에는 아무것도

25. Ein Vorwort ist für ein Buch so wichtig und so hübsch wie
der Vorgarten für ein Haus. Natürlich gibt es auch Häuser ohne Vor-
garten und Bücher ohne Vorwort. Aber mit einem Vorgarten, nein,
mit einem Vorwort sind mir die Bücher lieber. Ich bin nicht dafür,
daß die Besucher gleich mit der Tür ins Haus fallen. Es ist weder für
die Besucher gut, noch fürs Haus.

---

das Vorwort 머리말 /natürlich=freilich=selbstverständlich: 물론 /Häuser와
Bücher 는 4격으로 es gibt 의 목적어 /비교변화 : gern - lieber - am liebsten, lie-
ber 다음에 〈als wenn sie ohne es sind.〉가 생략되었다고 볼수있음 /Ich bin da-
für(dagegen).: 나는 그것에 찬성(반대)한다. dafür 는 daß 이하를 받음 /weder…
noch…: …도 …도 아니다

26. Als ich dieses Tagebuch zu Weihnachten bekam, nahm ich
mir vor, jeden Abend die Erlebnisse des Tages aufzuschreiben. Aber
mancher Tag ist vorübergegangen, ohne daß ich auch nur eine Zeile
aufgeschrieben hatte. Aber alles, was ich heute erlebt habe, möchte
ich aufschreiben.

Es war während der heutigen Geographiestunde. Plötzlich kam unsere
Vorsteherin, Fräulein Helga, herein. Zuerst sagte sie unserem Lehrer:
„Herr Doktor, verzeihen Sie, daß ich Ihre Stunde unterbrochen habe,
aber ich habe der Klasse eine Mitteilung zu machen." Dann wandte
sie sich zu uns und sagte: „Soeben habe ich die Nachricht von Frau
Marie, der Mutter eurer Schulkameradin Eva, bekommen. Ihr wißt
ja, daß Eva schon seit drei Monaten schwer krank im Hospital lag.

Gestern abend ist Eva still und friedlich gestorben. Wir alle haben
Eva sehr lieb gehabt, denn sie war ein freundliches herzensgutes Kind.
Wir werden sie nie vergessen haben, nicht wahr?"

Bei den letzten Worten unsrer Vorsteherin konnte ich nur schwer
die Tränen zurückhalten. Warum mußte Eva sterben? Ich kann an
nichts anderes mehr denken.

─────────────────

das Tagebuch 일기, 일기장 /zu Weihnachten· 크리스마스에, zu Ostern: 부
활절에, zu Pfingsten: 성신강림절에 /sich³ et.⁴ vornehmen: ～을 계획하다,
aufzuschreiben 은 sich vornehmen 의 목적어 /Erlebnis [n. -ses, -se]체험 /부정
대명사 중성형 alles 는 부정 관계대명사 was 의 선행사로서 4 격 /die Vorsteherin
반장 /Verzeihen Sie!=Entschuldigen Sie! 용서하십시오 / haben...zu 부정형 =
müssen (능동의 필연) /sich⁴ wenden: 방향이 바뀌다 /der Mutter 는 Frau Marie
와 동격 /jn. lieb haben=jn. gern haben=jn. gern mögen=jn. lieben: ～를 좋
아하다 /「werden+P.P.+haben」는 미래완료형(능동) /die Tränen zurückhalten:
눈물을 참다 /an et.⁴ denken: ～을 생각하다 /nichts 와 anderes 는 동격, anderes
는 형용사의 강변화로서 중성명사화

27. Wie ganz anders sieht meine Mutter auf dem Hochzeitsbild
aus. Da ist sie noch ganz jung und schlank wie ein Mädchen, das erst
vor kurzem seine Schulzeit beendet hat. Sie war auch kaum 20 Jahre
alt, als sie mein Vater heiratete. Und sie muß sehr glücklich gewesen
sein, sonst würden ihre Augen nicht so strahlen, kein so seliges
Lächeln in ihren Zügen wohnen.

─────────────────

aussehen ～로 보이다 /die Hochzeit 결혼식, 결혼 /Hochzeit halten: 결혼식을
올리다 /da 는 장소 부사로서 das Hochzeitsbild 를 가리킴 /vor kurzem: 얼마전
에, 최근에 /kaum 겨우 /jn. heiraten=sich⁴ mit jm. verheiraten: ～와 결혼하다,
sich⁴ mit jm. verloben: ～와 약혼하다 /Meine Mutter muß sehr glücklich
gewesen sein. (나의 어머니는 행복했을 것임에 틀림이 없다.) : müssen 은 확신
의 뜻이며, gewesen sein 은 과거부정법, sonst 「그렇치 않았다면」는 전제부인
조건문 대용으로 쓰인 부사적 접속사, 따라서 결론부도 「würde+부정형」의 접속
법 제Ⅱ식의 조건화법이다 /der Zug [m. -es, ⁻e] 모습/in 앞에는 würde 가 생략

28. Wenn man dieselbe Lüge wiederholt vorträgt, so hält man sie

schließlich auch selber für wahrlich. Aber wenn sie nur eines Tages
an den Tag kommt, glaubt niemand solchem Menschen, der gewohn-
heitsmäßig lügt, selbst wenn er einmal ausnahmsweise die Wahrheit
sage.

---

an den Tag kommen (bringen): 드러나다(드러내다) /jm. glauben: ~의 말
을 믿다, et.[4] glauben: ~을 믿다, an Gott glauben: 신을 믿다 /gewohnheits-
mäßig 습관에 의한 /selbst wenn=auch wenn(가정적인용) : 비록 …일지라도
/ausnahmsweise 예외로서

29. Heute ereignete sich am Morgen um fünf vor halb neun in der
Stadt ein schwerer Verkehrsunfall. Eine voll besetzte Straßenbahn der
Linie 9 stieß an der Kreuzung mit einem Taxi zusammen.

Der betrunkene Fahrer des Taxis hatte die Verkehrszeichen nicht
beachtet und war trotz des roten Lichtes über die Straßenkreuzung
gefahren. In diesem Augenblick wollte eine alte Frau mit einem kleinen
Kind die Straße überqueren. Der Fahrer des Taxis wich den beiden
Fußgängern aus und stieß dabei aber mit der Straßenbahn zusammen,
weil er zu schnell gefahren war. Das Taxi überschlug sich und die
Straßenbahn sprang aus den Schienen.

Der Fahrer des Taxis und seine junge Begleiterin waren sofort tot,
und einige Fahrgäste der Straßenbahn waren schwer verletzt.

---

sich[4] ereignen: 생기다(사건) /fünf vor halb neun: 8시 25분, fünf nach halb
neun: 8시 35분 /zusammenstoßen 충돌하다 /betrunken 술취한 /beachten 주의
하다 /überqueren 횡단하다 /jm. ausweichen: ~를 피하다 /sich[4] überschlagen:
전복하다 /die Schiene 레일

30. Ein Sprichwort sagt: Liebe macht blind. Das ist, wie jedes
Sprichwort, richtig und falsch. Es ist richtig, weil der Liebende die
äußerlichen und innerlichen Fehler und Schwächen des Geliebten über-
sieht, weil er dafür blind ist. Das Sprichwort ist falsch, weil der
Liebende die innerlichen und äußerlichen schönen und guten Eigensch-

aften des Geliebten klarer und tiefer erkennt als die anderen Menschen.

🔳══════════════════

　das Sprichwort 속담, 격언 /der Liebende 는 현재분사의　명사화이며, der Geliebte 는 과거분사의 명사화이다 /übersehen 간과(看過)하다 /dafür 는 die äußerlichen und innerlichen Fehler und Schwächen des Geliebten 을 받음.

▶ 주요 나라 · 국민 · 언어

나라	국민	언어
A. Koréa	der Koreáner	Koreánisch
Jápan	der Japáner	Japánisch
Amérika	der Amerikáner	Amerikánisch
Éngland	der Éngländer	Énglisch
Itálien	der Italiéner	Italiénisch
Spánien	der Spánier	Spánisch
Índien	der Índer	Índisch
B. Chína	der Chinése	Chinésisch
Fránkreich	der Franzóse	Französisch
Rúßland	der Rússe	Rússisch
Gríechenland	der Gríeche	Griechisch
C. Déutschland	der Déutsche	Deutsch

　🔳 ① -er로 끝난 명사에 -in을 붙이면 여성이 된다.
　　der Koreaner (한국 사람) ⟶ die Koreanerin (한국 여자)
　　der Engländer (영국 사람) ⟶ die Engländerin (영국 여자)
　② -e로 끝난 명사는 e를 없애고 -in을 붙이면 여성이 된다.
　　der Chinese (중국 사람) ⟶ die Chinesin (중국 여자)
　　der Franzose (프랑스 사람) ⟶ die Französin (프랑스 여자)
　③ der Deutsche (독일 사람)는 형용사의 변화를 따른다.
　　　　남(男)　　　　　　　　여(女)
　　Deutscher (형용사 강변화) ⟶ Deutsche
　　der Deutsche (형용사 약변화) ⟶ die Deutsche
　　ein Deutscher (형용사 혼합 변화) ⟶ eine Deutsche

Abschnitt 4. 화법 조동사

1) 현재 인칭 변화

	können	müssen	wollen	sollen	dürfen	mögen
ich	kann	muß	will	soll	darf	mag
du	kannst	mußt	willst	sollst	darfst	magst
er	kann	muß	will	soll	darf	mag
wir	können	müssen	wollen	sollen	dürfen	mögen
ihr	könnt	müßt	wollt	sollt	dürft	mögt
sie	können	müssen	wollen	sollen	dürfen	mögen

2) 3 기본형

부 정 형	과 거	본동사로서의 과 거 분 사	조동사로서의 과 거 분 사
können	konnte	gekonnt	können
müssen	mußte	gemußt	müssen
wollen	wollte	gewollt	wollen
sollen	sollte	gesollt	sollen
dürfen	durfte	gedurft	dürfen
mögen	mochte	gemocht	mögen

3) 과거 인칭 변화

과거 변화는 과거형을 기초로하여 일반 약변화 동사의 과거 변화와 같이 규칙적 으로 변화시킨다.

können konnte gekonnt   müssen mußte gemußt

ich konnte   wir konnten   ich mußte   wir mußten
du konntest   ihr konntet   du mußtest   ihr mußtet
er konnte   sie konnten   er mußte   sie mußten

4) 복합 시칭

화법조동사가 조동사 아닌 본동사로 (단독으로) 사용되었을 때는 완료형에서 ge- 가 붙은 과거분사 형태를 쓰고, 조동사로서 본동사를 수반하였을 때는 부정형과 같은 과거분사 형태를 쓴다.

	A. 본동사로 사용되었을 경우	B. 조동사로 사용되었을 경우
현　재	Ich kann Deutsch.	Ich kann Deutsch lesen.
과　거	Ich konnte Deutsch.	Ich konnte Deutsch lesen.
현　완	Ich *habe* Deutsch *gekonnt*.	Ich *habe* Deutsch *lesen können*.
과　완	Ich *hatte* Deutsch *gekonnt*.	Ich *hatte* Deutsch *lesen können*.
미　래	Ich *werde* Deutsch *können*.	Ich *werde* Deutsch *lesen können*.
미　완	Ich *werde* Deutsch *gekonnt haben*.	Ich *werde* Deutsch **haben** *lesen können*.

匿 ① 화법조동사는 완료형에서 haben 과 결합한다.

② 본동사와 함께 쓰이는 미래완료에서는 haben 을 본동사 앞에 둔다.

▶ 부문장에서 정동사의 특수한 위치

부문장에서는 후치법이므로 정동사가 문장 끝에 위치하나, 화법조동사가 본동사를 수반한 복합시칭에서는 정동사를 여러 동사의 맨 앞에 둔다.

현재완료 : Du weißt, daß er nicht gut **hat** schwimmen können.

과거완료 : Du wußtest, daß er nicht gut **hatte** schwimmen können.

미　　래 : Du weißt, daß er nicht gut **wird** schwimmen können.

미래완료 : Du weißt, daß er nicht gut **wird** haben schwimmen können.

≪ 重 要 語 句 ≫

* auf deutsch sprechen (독일어로 말하다)
* auf einmal (갑자기)
* auf ewig (영원히)
* aufs neue＝von neuem (새로)
* auf einen Monat (일개월 예정으로)
* auf der Reise sein (여행 중이다)
* auf dem Wege (도중에)
* auf jeden Fall (여하간에)
* auf diese Weise＝in dieser Weise (이러한 방법으로)
* in der Regel＝im allgemeinen (일반적으로)
* in der Tat (실제로)
* im ganzen (대체로)
* im voraus (미리)
* in dieser Woche (이번 주일에)
* im (Monat) Dezember (12월에)
* im Herbst (가을에)
* (im Jahre) 1980 (1980년에)

* vor kurzem (조금전에)
* vor Freude (기쁜 나머지)
* vor allem (무엇보다도)
* vor allen (누구보다도)
* heute vor acht Tagen (지난주의 오늘)
* heute über acht Tage (=heute in acht Tagen) (내주의 오늘)
圉 「1주일」은 acht Tage (=eine Woche)이고,
   「2주일」은 vierzehn Tage (=zwei Wochen)이다.

● 복 합 명 사

명사 앞에 다른 낱말이 결합되어 하나의 명사를 이룰 때 이 명사를 복합명사라고
하는데 성(性)과 변화는 맨 끝 명사를 따르고 제 1 액센트(Hauptakzent)는 첫 낱말
에 있다. 복합명사를 구성할 때 앞에 붙는 규정어(Bestimmungswort)는 명사・형
용사・부사・전치사・동사・수사 등이며 기초어(Grundwort)는 반드시 명사이어야
한다.

* das Haus+die Frau ⟶ die Hausfrau [f. -en] 주부
* der Arm+das Band+die Uhr ⟶ die Armbanduhr [f. -en] 팔목시계
* die Geburt+der Tag+das Geschenk ⟶ das Geburtstagsgeschenk [n. -es,
   -e) 생일 선물
* die Woche+der Tag ⟶ der Wochentag [m. -es, -e] 요일
* die Schule+das Zimmer ⟶ das Schulzimmer [n. -s, -] 교실
* das Wort+das Buch ⟶ das Wörterbuch [n. -es, ̈er] 사전
* groß+die Stadt ⟶ die Großstadt [f. ̈e] 대도시
* ja+das Wort ⟶ das Jawort [n. -es, -e] 승낙
* vor+die Stadt ⟶ die Vorstadt [f. ̈e] 교외
* fahren+die Karte ⟶ die Fahrkarte [f. -n] 차표
* drei+das Blatt ⟶ das Dreiblatt [n. -es, ̈er] 3잎의 식물

31. Es regnete in Strömen. An der Haltestelle der Straßenbahn wartete ein Orchestermusiker mit seinem Cellokasten.

Schon die dritte überfüllte Straßenbahn hatte er vorbeifahren lassen müssen, weil er mit seinem Instrument nicht mehr hinein konnte. Als der vierte Wagen wieder überfüllt weiterfahren wollte, wandte er sich mit bewegten Worten an den hinten stehenden Schaffner: „Sagen Sie, kommt nicht bald eine Bahn, die weniger besetzt ist? Schon drei Bahnen haben mich nicht mitgenommen, und hier komme ich wieder mit meinem Instrument nicht hinein. Ich muß zur rechten Zeit beim Konzert."

Der Schaffner bedauerte sehr, aber die Bahn war ganz voll, zur Not ginge noch ein einzelner Mensch hinein, aber ein Kasten mit einem Instrument auf keinen Fall. Als sich der Wagen wieder ohne den Musiker und ohne den Cellokasten in Bewegung setzte, rief ihm einer der Mitfahrenden zu: „Lernen Sie doch Flöte!"

---

es regnet in Strömen: 비가 억수로 퍼붓는다 /überfüllt=voll besetzt: 초만원의 /hatte...vorbeifahren lassen müssen 은 과거완료형, 방향부사 hinein 다음에 gehen 이 생략되었음 /sich⁴ an jn. wenden: ～에게 간청하다, 문의하다 /hinten 「뒤에」은 부사 /der Schaffner 차장 /zur rechten Zeit: 제 시간에 /Konzert 다음에 sein 이 생략되었음 /zur Not: 간신히 /ginge 는 접속법 Ⅱ식의 현재형 : 추정적인 내용이므로 접속법 Ⅱ식 동사를 사용하였음 / ein einzelner Mensch: 어떤 개인 /Instrument 다음에 ginge 가 생략되었음 /auf keinen Fall: 결코 (～않다) /sich⁴ in Bewegung setzen: 움직이다 /einer der Mifahrenden: 동승자중의 한사람

32. Es ist bekannt, daß viele Hunde den Tod eines geliebten Menschen nur um wenige Tage oder Stunden überleben. Aber nicht nur Hunde, sondern auch viele andere Tiere, zum Beispiel Katzen, Pferde und Vögel, grämen sich in kurzer Zeit zu Tode, wenn sie einen befreundeten Menschen, oder ein befreundetes Tier haben sterben sehen, oder von ihm getrennt worden sind. Es gibt auch Menschen. die andere Menschen so sehr lieben, daß sie ohne sie nicht leben können und bald nach ihrem Tode aus Gram und Sehnsucht sterben. Bei den Tieren beobachten wir diese Wirkung des Grames um den Tod eines anderen aber viel öfter als bei den Menschen.

「nur um wenige Tage oder Stunden」 며칠이나 몇시간 정도밖에 …않다 :
wenig-는 준부정사(準否定詞)이므로 부정격으로 번역된다 /nicht nur…, sondern
auch…: …뿐만 아니라 …도 /jn. (et.⁴) überleben: ~보다 오래살다 /zum Beispiel
(z.B.): 예를들면 /sich⁴ zu Tode grämen: 원통해 하다가 죽다 /haben sterben
sehen은 현재 완료형으로서 후치문 /andere Menschen은 복수 4격, 바로 앞의
die는 관계대명사 복수 1격 /beobachten 관찰하다

33. Wenn wir auf der Straße einen Bekannten treffen, fragen wir
meistens zuerst einmal: „Wie geht es Ihnen?" Wir wissen eigentlich
nicht, warum wir das tun. Es wäre besser, wenn wir fragten: „Haben
Sie heute schon einmal gelacht?"——Vielleicht hat er wirklich schon
Grund zum Lachen gehabt, er erzählt uns davon, und wir können
gemeinsam lachen. Das wäre sicher viel besser, als wenn er auf unsere
Frage: „Wie geht es Ihnen?" seine ganze Leidensgeschichte erzählte.

einen Bekannten은 형용사의 명사화(혼합변화) /jn. treffen＝jm. begegnen:
~를 만나다 /Wie geht es Ihnen? 안녕하십니까? /es는 wenn 이하를 받는다.
wenn 문장이 비현실화법이므로 주문도 접속법 Ⅱ식 동사를 사용하였다 /Grund zu
et.: ~할 이유 /davon은 Grund zum Lachen을 받음.

34. Ein wohlhabender Kunstfreund bestellte bei einem Maler das
Bild eines Hahnes. Nach einem Jahre fragte der Besteller höflich nach
seinem Werk. Nach dem zweiten Jahre suchte er den Maler ungeduldig
auf. „Warten Sie einen Augenblick," sagte der Künstler und zeichnete
das Bild mit wenigen Pinselstrichen auf das Papier. „Du konntest es
in einigen Minuten machen," grollte der Besteller, „und ließest mich
zwei Jahre warten." Darauf führte ihn der Künstler in seinen Arbeits-
raum, und der war angefüllt mit vielen tausend Vorstudien zu dem
Hahne. Er hatte zwei Jahre lang nichts als Hähne gezeichnet, um dann
im Nu die wesenhafte Form eines Hahnes mit wenigen Strichen geben
zu können.

der Kunstfreund 미술애호가 /jn. nach et. fragen: ～에게 ～을 묻다 /jn.
aufsuchen=jn. besuchen: ～를 방문하다 /einen Augenblick=einen Moment「잠
간동안」는 4격부사구 /Pinselstrich [m. -es, -e] 일필(一筆) /darauf 그것에 이어
:darauf 는 der Besteller 의 말을 받음 /der Arbeitsraum 작업실, der 는 지시
대명사로서 Arbeitsraum 을 지시함 /Vorstudien (Pl.) 예비연구 /im Nu: 순간에

35. Herr Paul ist in New York, in der größten Stadt in Amerika,
geboren. In dieser Stadt hat er vom 6. bis zum 18. Lebensjahr die
Schule besucht. Dort hat er die Universität besucht, aber auf der hat
es keinen Unterricht in Fremdsprachen gegeben. Das hat ihm nicht
gefallen, weil er nach dem Studium bei einer Firma in Deutschland
arbeiten wollte. Sein Vater hat dem Sohn geraten, im Sommer Goethe
Institut in New York zu besuchen. Auf dem Institut studiert man nur
Deutsch, deutsche Literatur und deutsche Geschichte. Durch seinen
Fleiß und sein Interesse für die deutsche Sprache konnte er fließend
Deutsch sprechen.

das Lebensjahr 연령 /aber auf der hat es...gegeben: der 는 지시대명사 여성
3 격으로 die Universität 를 지시함, hat es keinen Unterricht... gegeben: 「es gibt
＋4격」의 현재완료형 /jm. gefallen: ～의 마음에 들다 /jm. raten, et. zu tun:
～에게 ～을 하도록 권하다 /für et. Interesse haben :～에 흥미(관심)를 가지다

36. Um ein gutes Deutsch zu schreiben, ist es notwendig, daß
man viel liest. Das heißt aber nicht, daß man möglichst viele Bücher
möglichst rasch verschlingen soll, sondern daß man langsam und
sorgfältig liest. Wir sollen wenige Bücher lesen, aber das wenige, das
wir lesen, sollen wir so genau überdenken, daß wir auch Bescheid über
das Gelesene wissen.

um...zu 부정형 : ...하기 위하여 /es 는 daß 이하를 받음 /heißen 의미하다, daß
man... soll, daß man... liest 는 heißen 의 목적어 /das wenige 는 형용사의 명사
적용법(약변화)으로서 관계대명사 das 의 선행사 /so..., daß...: ...할 정도로(daß
이하) /Bescheid wissen: 정통하다

37. Wer zu viel und zu schnell liest, vergißt gewöhnlich bald, **was er las.** Lies darum lieber wenig, und laß dir zum Nachdenken Zeit, damit es dir nicht wie manchem Büchernarren gehe, der am Ende eines Monates kaum noch die Titel der Bücher zu nennen weiß, die er las.

> wer…, (der): wer 는 부정관계대명사이며 후행사인 지시대명사 der 가 생략되 었고, was 역시 부정관계대명사로서 선행사 das 가 생략되었다 /lies 와 laß 문장 은 du 에 대한 명령문 /gern - lieber - am liebsten /damit = auf daß 「…하기 위하 여」는 목적을 나타내는 종속접속사로서 직설법 또는 접속법 I 식 동사를 사용한다 /es geht 는 비인칭숙어 /kaum 겨의… 않다/wissen…zu 부정형 = vermögen…zu 부정형 = imstande sein…zu 부정형 = verstehen…zu 부정형 = können: …할 수 있 다

38. Die heutige Welt neigt ein wenig zum .Unterschätzen der Bücher. Man findet heute viele junge Menschen, denen es lächerlich und unwürdig scheint, statt lebendigen Lebens Bücher zu lieben, sie finden, dafür sei unser Leben allzu kurz und allzu wertvoll, und finden dennoch Zeit, sechsmal in der Woche viele Stunden bei Kaffeehausmusik und Tanz hinzubringen.

> (sich[4]) zu et. neigen:～하는 경향(버릇)이 있다 /denen 은 관계대명사 복수 3 격 /jm.scheinen:～에게는 ～같이 여겨지다. es 는 statt lebendigen Lebens Bücher zu lieben 을 받음 /sie 는 viele junge Menschen 을 말함 /dafür 는 statt lebendigen Lebens Bücher zu lieben 을 받음 /hinzubringen 은 Zeit 의 부가어로 사용된 것임.

39. In einem Buche reden die, welche vor hundert und tausend Jahren lebten, zu uns, als wären sie noch unter uns. Die Handelsschiffe bringen Kaffee und Tee, Baumwolle und Seide, Gold, Silber, Eisen und vieles andere, was wir für unseren Leib brauchen; aber was unser Geist braucht, das führen in- und ausländische Bücher uns von nah und fern zu. Durch ein Buch spricht der Weise zu den Weisen und zu denen, die es werden wollen. Durch ein Buch redet das erfahrene Alter zu der Jugend und selbst zu den Kindern. Das Buch lehrt die Welt kennen. Der Leser bekommt ferne Dinge zu sehen und zu hören, wie hinter den Bergen, jenseits des Wassers auch Menschen wohnen.

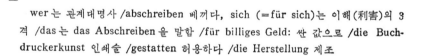

die 는 지시대명사이고, welche 는 관계대명사이다 /als ob （=als wenn, wie wenn)+주어 ... 동사(접속법 Ⅱ식)=als+동사(접속법 Ⅱ식)+주어 : 마치 ...처럼/ die Baumwolle 목화솜 /die Seide 명주실 /vieles andere 는 관계대명사 was 의 선행사 /was...,(das): 부정관계대명사 was 와 후행사인 지시대명사 das 는 모두 4 격 /es 는 der Weise(형용사의 명사적 용법)를 말함 /lehren 은 준화법조동사로 서 zu 없는 부정형과 결합됨 /jenseits 「저쪽편에」는 2격지배전치사 /wie （=daß) 이하는 hören 의 목적어

40. Wer vor 500 Jahren ein Buch haben wollte, mußte es sich abschreiben lassen und weil das eine sehr mühsame Arbeit war, wurden die Bücher außerordentlich teuer. Heute kann jeder für billiges Geld die wertvollen Werke großer Schriftsteller kaufen; denn die Erfindung der Buchdruckerkunst gestattet eine schnelle und billige Herstellung. Der Erfinder dieser Kunst war Johann Gutenberg.

wer 는 관계대명사 /abschreiben 베끼다, sich （=für sich)는 이해（利害)의 3 격 /das 는 das Abschreiben 을 말함 /für billiges Geld: 싼 값으로 /die Buch-druckerkunst 인쇄술 /gestatten 허용하다 /die Herstellung 제조

Abschnitt 5. 수 사

1) 기 수

0 null	10 zehn	20 zwanzig	
1 eins	11 elf	21 einundzwanzig	10 zehn
2 zwei	12 zwölf	22 zweiundzwanzig	20 zwanzig
3 drei	13 dreizehn	23 dreiundzwanzig	30 **dreißig**
4 vier	14 vierzehn	24 vierundzwanzig	40 vierzig
5 fünf	15 fünfzehn	25 fünfundzwanzig	50 fünfzig
6 sechs	16 **sechzehn**	26 sechsundzwanzig	60 **sechzig**
7 sieben	17 **siebzehn**	27 siebenundzwanzig	70 **siebzig**
8 acht	18 achtzehn	28 achtundzwanzig	80 achtzig
9 neun	19 neunzehn	29 neunundzwanzig	90 neunzig
100 (ein)hundert		1000 (ein)tausend	

匯 ① 「1 부터 12 까지」는 외어둘 것.

② 「13 부터 19 까지」는 1 단위 수 다음에 -zehn 를 붙인다.

③ 「20 부터 90 까지」는 1 단위 수 다음에 -zig 를 붙인다. (30 은 예외)

④ 「21 부터 99 까지」는 1 단위 수를 앞에 놓고 und 로 연결하여 10 단위 수를 뒤에 붙인다.

101 (ein)hundert(und)eins

200 zweihundert

260 zweihundert(und)sechzig

351 dreihunderteinundfünfzig

1, 111 (ein)tausend(ein)hundert(und)elf

⑤ 백만단위 이상은 수사가 아니고 명사이기 때문에 대문자로 쓰며 200 만 이상은 복수 어미 <-en>을 붙여야 한다.

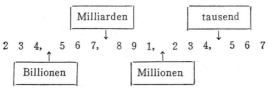

2) 서 수

```
1. →19.  =기수+t
20. 이상   =기수+st
```

1. **erst**	8. **acht**	15. fünfzehnt
2. zweit	9. neunt	16. sechzehnt
3. **dritt**	10. zehnt	17. siebzehnt
4. viert	11. elft	18. achtzehnt
5. fünft	12. zwölft	19. neunzehnt
6. sechst	13. dreizehnt	20. zwanzigst
7. siebent	14. vierzehnt	21. einundzwanzigst
25. fünfundzwanzigst	30. dreißigst	91. einundneunzigst

100. hundertst   101. hundert(und)erst

119. hundert(und)neunzehnt   120. hundert(und)zwanzigst

1000. tausendst   1111. tausendhundert[und]elft

註 ① 1. erst   3. dritt   8. acht 는 예외

② 서수를 숫자로 쓸 때는 〔·〕을 찍어서 기수와 구별한다.

③ 서수는 곧 형용사이다. 서수는 보통 정관사와 함께 쓰이므로 형용사 약변화를 한다.

≪ 重 要 語 句 ≫

* zur (od. in die) Schule gehen: 학교에 가다
* zur (od. in die) Kirche gehen: 교회에 가다
* zur (od. auf die) Post gehen: 우체국에 가다
* zum (od. auf den) Markt gehen: 시장에 가다
* zum Bahnhof gehen: 정거장에 가다
* zum Fenster gehen: 창문쪽으로 가다
* ans Fenster gehen: 창가로 가다
* ans Ufer gehen: 물가로 가다
* an die See gehen: 바다로 가다
* an den See gehen: 호수로 가다
* über das Meer gehen: 해외로 가다
* auf die Universität gehen: 대학에 가다
* auf die Wiese gehen: 초원으로 가다
* aufs Land gehen: 시골로 가다
* in die Stadt gehen: 시내로 가다
* nach der Stadt gehen: 도시로 가다
* aufs Feld gehen: 들에 가다
* auf den Acker gehen: 밭에 가다
* ins Gebirge gehen: 산으로 가다

* ins Kino gehen: 영화관에 가다
* ins Theater gehen: 극장에 가다
* ins Büro gehen: 사무실에 가다
* ins Zimmer gehen: 방에 들어가다
* ins Warenhaus gehen: 백화점에 가다
* ins Dorf gehen: 마을로 가다
* ins Ausland gehen: 외국에 가다
* nach Haus(e) gehen: 집으로 가다
* ins Haus gehen: 집안으로 가다

● 인칭대명사의 격변화

		1 인칭	2 인칭	3 인칭		
단 수	1.	ich	du	er	sie	es
	2.	meiner	deiner	seiner	ihrer	seiner
	3.	mir	dir	ihm	ihr	ihm
	4.	mich	dich	ihn	sie	es
복 수	1.	wir	ihr		sie	(Sie)
	2.	unser	euer		ihrer	(Ihrer)
	3.	uns	euch		ihnen	(Ihnen)
	4.	uns	euch		sie	(Sie)

41. Im Sommer, wenn trockene Hitze dauert, zieht sich eine Art von Fröschen in nahe Wälder und Büsche zurück, weil sie dort einen kühlen und feuchten Wohnort haben, und verhalten sich ganz still und verborgen, so daß sie niemand bemerkt. Wenn nun ein sanfter Regen fällt, so kommen sie in zahlreicher Menge wieder hervor, und erquicken sich in dem nassen, kühlen Gras. Wer alsdann in einer solchen Gegend ist und auf einmal so viele Frösche sieht, der kann sich nicht denken, wo auf einmal so viele Frösche herkommen, und da bilden sich einfältige Leute ein, es habe Frösche geregnet. So sprach man früher von einem Froschregen.

🏛══════════════════════

trocken 건조한, feucht (=naß) 습기찬 /sich⁴ zurückziehen: 물러가다 /eine Art von Fröschen: 「일종의 개구리들」은 단수로도, 복수로도 취급될 수 있다. zieht 는 단수형으로 eine Art 의 동사이며, verhalten 은 복수형으로 Fröschen 의 동사이다. eine Art 는 zieht 에 가깝고, verhalten 은 Fröschen 에 가깝기 때문이다 /sich⁴ verhalten: 태도를 취하다 /so daß sie niemand bemerkt: bemerkt 의 주어는 niemand 이고, sie (Frösche)는 4 격 /in zahlreicher Menge: 떼를 지어 /sich⁴ erquicken: 원기를 회복하다 /wer ..., der ...: wer 는 관계대명사, der 는 지시대명사 /alsdann=dann=sodann: 그럴 때 /auf einmal=plötzlich: 갑자기 /sich³ et.⁴ denken=sich³ et.⁴ vorstellen: ～을 상상하다 /wo ... herkommen= woher ... kommen: 어디로부터 ... 오다. Wo kommen Sie her?=Woher kommen Sie? 「당신은 어디서 오십니까?」, Wo gehen Sie hin?=Wohin gehen Sie? 「당신은 어디로 가십니까?」 /einfältig 단순한 /sich⁴ et.³ einbilden =et.⁴ (ver)- meinen: ～을 상상(공상)하다 /Es regnet Frösche: 개구리의 비가 내린다(하늘이 개구리를 비와같이 내린다는 뜻), regnen 은 타동사 「비오게하다」라는 뜻으로 사용되었고 따라서 Frösche 는 4 격이다. es habe Frösche geregnet. 는 간접화법

42. Das Leben ist, wie man weiß, ein ewiger Kampf mit dem Schicksal. Wer diesen Kampf nicht machen will, dem bleibt kein anderer Weg, als aus der Welt zu gehen. Wo der Lebenskampf aufhört, da hört auch das Leben selbst auf.

🏛══════════════════════

kein..., als... : ...이외에는 ...없다 /aus der Welt gehen=ums Leben kommen =sterben 죽다 /wo..., da...: wo 는 때를 나타내는 관계부사로서 후행사는 da.

wo 는 의문부사로 쓰이는 이외에 주로 때와 장소를 선행사로 갖는 관계부사로
쓰인다.

43. Unser Ziel ist nichts anderes, als für unser Volk die Freiheit
zu erringen und damit für die Zukunft die Existenzmöglichkeit für das
Vaterland zu sichern. Die Würde des Vaterlandes ist unantastbar. Sie
zu achten und zu schützen, das ist Verpflichtung aller Nation.

---

nichts anderes, als… : …이외에는 아무것도 아니다, 바로 …이다 /damit 는 für
unser Volk die Freiheit zu erringen 을 가리킴 /zu erringen 과 zu sichern 은
명사적용법 /unantastbar 불가침의 /sie (die Würde des Vaterlandes 를 받음)는
4격으로 achten 과 schützen 의 목적어이며 zu achten 과 zu schützen 이 주어

44. Zu einem alten Araber kamen drei junge Leute und sagten
ihm: „Unser Vater ist gestorben. Er hat uns siebzehn Kamele hinter-
lassen und im Testament verfügt, daß der Älteste die Hälfte, der
Zweite ein Drittel und der Jüngste ein Neuntel der Kamele bekommen
soll. Jetzt können wir uns über die Teilung nicht einigen;˙ übernimm
die Entscheidung!" Der Araber dachte nach und sagte: „Wie ich es
sehe, habt ihr, um gut teilen zu können, ein Kamel zu wenig. Ich
habe selbst nur ein einziges Kamel, aber es steht euch zur Verfügung.
Nehmt es und teilt dann, und bringt mir nur, was übrigbleibt." Sie
bedankten sich für diesen Freundschaftsdienst, nahmen das Kamel mit
und teilten die achtzehn Kamele nun so, daß der Älteste die Hälfte,
das sind neun, der Zweite ein Drittel, das sind sechs, und der Jüngste
ein Neuntel, das sind zwei Kamele, bekam. Zu ihrem Erstaunen blieb,
als sie ihre Kamele zur Seite geführt hatten, ein Kamel übrig. Dieses
brachten sie, ihren Dank erneuernd, ihrem alten Freund zurück.

Araber [á:rabər] 아라비아 사람 /hinterlssen 「사후(死後)에 남기다」는 과거
분사로 사용되었음.(삼요형 : hinterlassen - hinterließ - hinterlassen) /das Te-
stament 유언(장) /daß 이하는 verfügen 의 목적어 /der Älteste, der Zweite, der
Jüngste 등은 형용사의 명사화 /die Hälfte $\frac{1}{2}$, ein Drittel $\frac{1}{3}$, ein Neuntel $\frac{1}{9}$

(분모는 서수에 -el 을 붙이고 분자는 기수로 쓴다) /soll 은 er, 즉 unser Vater 의
의지를 나타냄 /sich⁴ über et.⁴ einigen: ～에 관하여 의견이 일치되다 /übernimm
은 übernehmen 「넘겨받다」의 du 에 대한 명령형 /nachdenken 숙고하다 /ein
Kamel 은 중성 4 격으로 habt 의 목적어 /es steht euch zur Verfügung.(=darüber
könnt ihr frei verfügen): 그 낙타는 너희들의 자유에 맡긴다 /Nehmt, teilt,
bringt 는 ihr 에 대한 명령형 /sich⁴ bedanken=danken: 감사하다 /so, daß...=
derart, daß... /zum Erstaunen: 놀라웁게도 /übrig bleiben 남아있다

45. Jetzt leben wir im technischen Zeitalter. Durch die Technik
ist das Leben des Menschen bequemer geworden. Der Mensch arbeitet
schneller mit der Maschine. Die Maschine arbeitet schneller und ge-
nauer als die menschliche Hand. Heute ist das Leben ohne Technik
nicht mehr zu denken.

Durch das Radio hört man eine Symphonie von Beethoven oder ein
Konzert von Mozart. Durch das Fernsehen sieht man im Wohnzimmer
interessante Filme.

Von Korea bis nach Deutschland braucht man mit dem Flugzeug
nur 18 Stunden. Die Welt wird immer kleiner.

Die Technik hat dem Menschen wirklich sehr viel geholfen.

Wie schwer wäre das Leben ohne Technik!

⊞========

das Zeitalter 시대(時代) /bequem [bəkvéːm] 편안한. bequemer, schneller,
genauer 는 비교급 /ist ... zu denken: ...될 수 있다 /das Fernsehen 텔레비죤/
immer+비교급=비교급 und 비교급 : 점점 ...한 /Wie wäre das Leben ohne
Technik!: wäre 는 접속법 Ⅱ식동사, 내용이 현재사실의 반대이므로 접속법 Ⅱ식의
현재형을 사용하였음.

46. Wenn alle Menschen statt der Augen grüne Gläser hätten, so
würden sie urteilen müssen, die Gegenstände, welche sie dadurch er-
blicken, sind grün, und nie würden sie entscheiden können, ob ihr Auge
ihnen die Dinge zeigt, wie sie sind, oder ob es nicht etwas zu ihnen
hinzutut. So ist es mit dem Verstande. Wir können nicht entscheiden,
ob das, was wir Wahrheit nennen, wahrhaft Wahrheit ist, oder ob es
uns nur so scheint.

⬚═══════════════════

「Wenn ... hätten, so würden ... müssen」는 가정법이므로 접속법 II 식. 「die
Gegenstände ... sind grün」은 urteilen 의 목적어, dadurch 는 grüne Gläser 를 받
음 /wie sie sind: 있는 그대로 (원래상태 그대로), sie 는 die Dinge 를 받음 /ob
es nicht etwas zu ihnen hinzutut: es 는 ihr Auge, ihnen 은 die Dinge 를 받
음 /hinzutun 첨가하다 /es ... mit+3 격 =es ... um+4 격: es 는 문법상의 주어
이고 mit+3 격, um+4 격이 의미상의 주어가 된다 /ob es uns nur so scheint:
es 는 das 를 받음. jm. scheinen: ∼에게 ∼으로 보이다

47. Wir können uns die Zeit, in der es noch keine Autos gab,
kaum mehr vorstellen. Und doch ist es noch gar nicht so lange her,
daß die Erfinder der 》Wagen ohne Pferde《 verlacht oder sogar verfolgt
wurden. Die Menschen glaubten zunächst nicht daran, daß ein Motor-
wagen überhaupt fahren könnte, und später hatten sie Angst vor
diesen seltsamen Fahrzeugen. Ihre Erfinder verloren trotzdem nicht
den Mut. Daimler fuhr im Jahre 1885 mit seinem ersten Motorrad
über die Straßen. Zu gleicher Zeit stellte Benz sein erstes Automobil
her. Die beiden Erfinder kannten sich nicht; sie wußten beide nichts
davon, daß noch ein anderer Mensch den Versuch machte, die Pferde
durch einen Motor zu ersetzen. Aber als sie ihre Motorwagen fertig
hatten, lernten sie sich dadurch kennen, daß sie beide für Narren
gehalten wurden. Wenn wir die ersten Automobile heute im Museum
sehen, müssen wir allerdings auch ein wenig lachen; denn das sind
seltsame Fahrzeuge. In eine altmodische Kutsche mit großen Holzrädern
ohne Gummibereifung ist ein plumper Motor eingebaut. Es sieht wirk-
lich so aus, als ob man nur vergessen hätte, die Pferde vor diesen
Pferdewagen zu spannen. Wir können uns gut vorstellen, wie der
Wagen ratterte, wenn er über das grobe Pflaster der damaligen Straßen
fuhr. Aber Spott, Verachtung und Feindschaft hatten Daimler und
Benz trotzdem nicht verdient. Heute ehren und achten wir sie als große
Erfinder.

⬚═══════════════════

die Zeit, in der...: die Zeit, worin (=wo)...와 같음 /sich[3] et.[4] vorstellen:
∼을 상상하다 /keine Autos 는 복수 4 격으로 es gab 의 목적어 /es ist nicht so

lange her, daß... : ...한 것은 그렇게 오래된 일이 아니다 /verlachen 조소하다 / verfolgen 박해하다 /an et.⁴ glauben: ~을 신용하다, daran 은 daß 이하를 받음 /vor et.³ Angst haben: ~을 두려워하다 /Gottlieb Daimler(1834~1900); Karl Benz (1844~1929) /zu gleicher Zeit: 동시에 /kannten sie sich 와 lernten sie sich: sich (=einander)는 「서로」의 뜻인 상호대명사 /davon 과 dadurch 는 daß 이하를 받음 /kennen lernen: 알게 되다 /die Kutsche 마차 /Gummibefreiung 고무타이아 /plump 멋없는 /ist eingebaut 는 상태수동 /Es sieht so aus, als ob ... : ...처럼 그렇게 보인다 /zu spannen 은 vergessen 의 목적어

48. Wenn er zu Ostern nach Hause kam und sagen konnte: „Mutter, da sind die Zensuren, und ich bin wieder der Beste!,“ dann war er sehr zufrieden. Er liebte das Lob, das er in der Schule und überall erhielt, nicht deshalb, weil es ihm, sondern weil es seiner Mutter Freude machte. Er war stolz darauf, daß er ihr auf seine Weise ein bißchen vergelten konnte, was sie für ihn ihr ganzes Leben lang, ohne müde zu werden, tat.

「wenn .., dann(=so)...」과 「deshalb, weil...」은 상관어구 / zu Ostern: 부활절에 /die Zensur 성적 /der Beste: gut 의 최상급 best 의 명사화 /weil es ihm 다음에는 Freude machte 가 생략되었고, es 는 das Lob 를 받음 /auf et.⁴ stolz sein: ~을 자랑하다. darauf 는 daß 이하를 받음 /auf seine Weise=in seiner Weise: 자기 나름대로 /ein bißchen=ein wenig: 약간 /jm. et.⁴ vergelten:~에게 ~을 갚다, ~의 ~에 보답하다. was 이하의 부문은 vergelten 의 4격 목적어 /ihr ganzes Leben (lang)「일생동안」은 4격부사구 /ohne ... zu 부정형 : ...하지 않고

49. Das Schreien ist die erste Funktion des Kindes, es ist seine Sprache. Im allgemeinen ist das Schreien der Ausdruck eines Unbehagens, wie Hunger, Naßliegen, Kälte, Hitze, Schmerz, Ungeziefer usw. Zuweilen schreit der Säugling wohl auch nur aus Langeweile. Eine gut beobachtende Mutter kann aus der Art des Schreiens dessen Ursache herausfinden.

Ist die Ursache des Schreiens nicht festzustellen, so ist daran zu denken, daß es auch durch Krankheit bedingt sein kann, zu deren

Erkennung ein Arzt zu rufen ist. Ganz falsch ist es, den Säugling
jedesmal, so oft er schreit, aus dem Bett zu nehmen und durch Schau-
keln und Herumtragen zu beruhigen. Er würde sehr bald darauf
kommen, daß man sich durch Schreien die Annehmlichkeit des Herum-
tragens erzwingen kann. Ein gut erzogener Säugling schreit nur,
wenn er wirklich Grund dazu hat.

---

das Schreien 「울음」은 부정형의 명사화 /die Funktion 기능, 활동 /im allge-
meinen=in der Regel=gewöhnlich: 일반적으로 /das Unbehagen 불쾌감 /das
Ungeziefer 독충(毒虫) /usw. (=u.s.w.):und so weiter 「등등」의 약어 /dessen
은 지시대명사 중성 2격으로 바로 앞의 Schreien을 지시함 /Ist die Ursache...
festzustellen=Wenn die Ursache ... festzustellen ist: wenn 이 생략되면 정동사
가 wenn 자리에 놓인다 /ist... festzustellen (=kann ... festgestellt werden);
ist ... zu denken은 수동의 가능 (~될 수 있다). Ein Arzt ist zu rufen. (=Ein
Arzt muß (soll) gerufen werden)은 수동의 필연(~되어야 한다) /so ist daran
zu denken: ist 다음에 문법적 주어 es가 생략되었음. daran은 daß 이하를 받
음. an et.⁴ denken: ~을 생각하다 /es는 das Schreien /deren은 Krankheit를
받는 관계대명사 여성 2격 /es는 zu nehmen과 zu beruhigen을 받음 /so oft=
sooft 「~할 때마다」는 종속접속사 /er는 der Säugling /würde는 접속법 II식의
약속화법 : 문두에 전제부에 해당되는 dann (od. so)이 생략된 것임. 즉 「Dann
würde er sehr bald darauf kommen, daß...」 /darauf는 daß 이하를 받음 /
zu et. Grund haben: ~할 이유(까닭)가 있다

50. Das Kind ist tot. Die Eltern sind natürlich untröstlich. Aber
da kann man nichts dafür. Die rührenden Umstände, die sie sich mona-
telang am Krankenlager gegeben haben und zu Gott um die Genesung
von der Krankheit ihres Kindes gebetet haben, werden mir dergestalt
gegenwärtig, daß ich vor Wehmut nicht umhin kann, die Tränen zu
vergießen.

---

untröstlich 위안이 되지 않는 /sich⁴ geben: 몸을 바치다 /zu Gott beten: 하느
님께 기도드리다 /dergestalt..., daß...: ...할 정도로 /jm. gegenwärtig sein: ~의
머리에 생생하게 남아 있다 /vor Wehmut: 슬픈나머지 /nicht umhin können, zu
부정형 : ~하지 않을 수 없다

Abschnitt 6. 수 동

● 수동의 6시칭

현재 : werden·······················P.P.

과거 : wurde ·······················P.P.

현완 : sein ·······················P.P. **worden**

과완 : war ·······················P.P. **worden**

미래 : werden ·······················P.P. werden

미완 : werden ·······················P.P. **worden** sein

---

lieben 동사의 수동형

Ich werde···············geliebt.

Ich wurde···············geliebt.

Ich bin ···············geliebt **worden.**

Ich war ···············geliebt **worden.**

Ich werde···············geliebt werden.

Ich werde···············geliebt **worden** sein.

▓ 능동문을 수동문으로 바꿀 때의 주의 사항

(1) 능동문의 4격 목적어만이 수동문의 주어가 된다.(타동사의 수동)

(2) 능동문과 수동문의 시칭은 반드시 일치되어야 한다.

(3) 능동문의 주어는 수동문에서 von+3격 (직접의 행위자), durch+4격(원인, 수단, 매개인), mit+3격(도구, 재료)등과 결합한다.

(4) 능동문의 주어가 man이면 수동문에서는 von+3격 (von einem)을 생략 한다.

(5) 능동문에 4격 목적어가 없을 때는 수동문의 주어는 비인칭 es로 한다. (자 동사의 수동)

이 es는 문두 이외의 경우(도치문, 후치문)에는 생략된다.

● 다음 예문을 정독하여라. (js.는 2격, jm.은 3격, jn.은 4격)

＊ js. gedenken: Ich gedenke deiner immer.

＊ js. bedürfen: Der Kranke bedarf des Arztes.

＊ js. spotten: Er spottet ihrer.

＊ jm. begegnen: Ich begegnete dem Lehrer auf der Straße.

＊ jm. helfen: Er hilft mir bei der Arbeit.

＊ jm. folgen: Er ist mir gefolgt.

* jm. glauben: Ich glaube ihm nicht.
* jm. gefallen: Sie gefällt mir.
* jm. gehören: Das Auto gehört meinem Onkel.
* jm. dienen: Der Diener dient seinem alten Herrn.
* jm. gelingen: Es ist mir gelungen.
* jm. trauen: Deinem Wort traue ich unbedingt.
* jm. drohen: Er drohte ihr mit dem Tode.
* jm. gleichen: Sie gleichen sich (=einander) sehr.
* jn. grüßen: Grüßen Sie ihn von mir!
* jn. heiraten: Er hat das Mädchen geheiratet.
* jn. lehren: Die Lehrerin lehrt mich Deutsch.
* jn. anrufen: Ich rufe Sie morgen an.
* einen Ort erreichen: Er erreichte gestern diese Stadt.
* eine Prüfung bestehen: Er hat die Prüfung bestanden.
* jm. für et. danken: Ich danke Ihnen für Ihren Brief.
* jm. auf et⁴. antworten: Der Schüler antwortet dem Lehrer auf die Frage.
* jn. nach et. fragen: Er fragt mich nach meinem Namen.
* jn. um et. bitten: Sie bat mich um Hilfe.
* jn. für e-e Person halten: Hältst du mich für einen Narren?

● 다음 예문을 정독하여라. (et.는 etwas의 약자)
* auf et.⁴ warten: Ich warte lange auf den Brief.
* an et.⁴ denken: Ich denke an meine Prüfung.
* auf et.⁴ hoffen: Er hofft auf die Zukunft.
* mit et. beginnen: Ich beginne mit der Arbeit.
* mit et. anfangen: Er fängt mit der Arbeit an.
* an et.³ teilnehmen: Ich nahm an dem Ausflug teil.
* an einer Krankheit leiden: Er leidet an einer schweren Krankheit.
* an einer Krankheit sterben: Sie starb an der Lungenkrankheit.
* für jn. sorgen: Der Vater sorgt für seine Familie.
* nach et. streben: Er strebt nach dem Ziele.
* aus et. bestehen: Die Wohnung besteht aus vier Zimmern.
* sich in et.⁴ verwandeln: Das Eis verwandelt sich in Wasser.
* sich über et.⁴ freuen: Ich freue mich über das Geschenk.
* sich auf et.⁴ freuen: Ich freue mich auf die Ferien.
* sich mit jm. unterhalten: Ich unterhielt mich mit ihm lange.

51. Wenn der Deutsche von der deutschen Literatur spricht, so denkt er gewöhnlich zuerst an Goethe und Schiller, die beiden größten deutschen Dichter. Es kommt nicht oft vor, daß die zwei größten Dichter eines Landes zu derselben Zeit leben, aber das war bei Goethe und Schiller der Fall. Beide lebten am Ende des 18. Jahrhunderts. Goethe war 10 Jahre älter als Schiller, starb aber 27 Jahre nach Schiller. Ferner kommt es nicht oft vor, daß zwei große Dichter sehr gut miteinander befreundet sind. Auch das war bei Goethe und Schiller der Fall. Schiller war während der letzten 10 Jahre seines Lebens, bis zu seinem Tode im Jahre 1805, der beste Freund, den Goethe hatte.

---

an jn. denken: ～를 생각하다 /Goethe und Schiller 와 die beiden … Dichter 는 동격 /Es 는 daß 이하를 받음 /zu derselben Zeit=zu gleicher Zeit: 같은 시대 에 /bei jm. der Fall sein: ～의 경우가 그러하다 /der beste Freund, den Goethe hatte: den 은 관계대명사 남성 4격

52. Glücklich ist jeder, der sich körperlich und geistig gesund fühlt. Er empfindet keine Schmerzen, kann seine Arbeiten verrichten und darf essen und trinken, was er will. Die Gesundheit ist des Menschen größtes Gut. Der Gesunde wird von dem Kranken beneidet.

---

körperlich 육체적, geistig 정신적, geistlich 성직의 /verrichten 수행하다 /das Gut 재산 : des Menschen größtes Gut=das größte Gut des Menschen /der Gesunde 와 der Kranke 는 형용사의 명사화

53. Es hat keinen Zweck, zu fragen, ob das Leben Sinn und Wert habe. Sinn und Wert hat das Leben überhaupt insofern, als wir ihm einen solchen zu verleihen imstande sind. Das Leben ist eben nur soviel wert, als wir selbst wert sind.

Es hat keinen Zweck: 그것은 무의미한 것이다. Es 는 zu 이하를 받음 /ob 「～인지」는 종속접속사 /insofern 그 한도내에서는 /ihm 은 das Leben /einen solchen 다음에 Sinn und Wert 가 생략되었음 /imstande sein…zu 부정형 : …할

수 있다 /soviel ..., als ···: ...만큼

54. Die Straße, die ich gut kenne, ist überall ganz anders gewor-
den, als sie einst in meiner Jugend war. Die Stadt, die ich jetzt sehe,
hat keine Spur Ähnlichkeit mehr mit der von damals. Und auch ich
bin mit der Zeit alt geworden. Wie diese Stadt nicht mehr die alte
herrliche Stadt ist, so bin auch ich nicht mehr, der ich einst war.

anders werden, als...:...와는 달라지다 /keine Spur Ähnlichkeit: 비슷한 흔적조
차도, keine Spur 와 Ähnlichkeit 는 동격 /mit der von damals: der 는 지시대
명사 여성 3격으로 앞에 나온 die Stadt 를 지시함 /mit der Zeit=nach und nach
=allmählich: 점차로 /wie..., so...: ...와 같이 /Auch ich bin nicht mehr, der
ich einst war: 「나역시 이제는 옛날에 나였던 나는 아니다」. 관계대명사 der 앞
에는 선행사인 지시대명사 der(jenige)가 생략된 것임.

55. „Im wunderschönen Monat Mai," wie das Gedicht von Heinrich
Heine sich ausdrückt, ist das Wetter in Deutschland in dieser Zeit am
schönsten, und die Natur erscheint in prächtigem Frühlingsschmuck.
Schon im April bekommen die Bäume Knospen und Blätter, die Wiesen
und Felder werden grün, die Blumen und Obstbäume fangen an zu
blühen. Der Landmann pflügt den Acker und säet den Samen. Die
Schwalbe, die Nachtigall und andere Vögel kommen aus Italien zurück.

der Frühlingsschmuck 봄단장 /anfangen...zu 부정형=beginnen...zu 부정형:
...하기 시작하다 /der Landmann 농민, 시골사람, der Landsmann 동국인, 동
향인 /pflügen(논·밭을)갈다 /säen 씨를 뿌리다

56. Das Wasser wurde von der Wissenschaft als die Heimat des
Lebens erkannt. Je einfacher die Organismen sind, um so enger ist
ihr Dasein noch heute an das Wasser gebunden. Aber auch alle ande-
ren Lebewesen brauchen zu ihrem Bestehen und Wachsen noch heute
vor allem Wasser, und Wasser ist auch der wesentliche Bestandteil
in allem Lebendigen. Seepflanzen und Pilze enthalten 98% Wasser,

Blätter und Früchte oft 90%. Das grüne Holz besteht zu 50% aus
Wasser. Und mit dem menschlichen Leibe ist es nicht anders. Das
Wasser macht 55 bis 60% in ihm aus. Je näher der Mensch in
seiner Entwicklung dem Ursprung ist, um so höher ist auch sein
Gehalt an Wasser.

---

je …, umso (desto) … : …하면 할 수록, 더욱더 …하다 /die Organismen 은
der Organismus 「생물」의 복수형 /an et.⁴ binden: ~에 매다, 묶다. ist…
gebunden 은 상태수동 /vor allem: 무엇보다도, vor allen: 누구보다도 /Wasser
는 brauchen 의 목적어 /der wesentliche Bestandteil: 본질적인 성분 /allem Leb-
endigen 「모든 살아있는 것」는 형용사의 명사화로서 중성 3격, 결국 allen Lebe-
wesen, allen Organismen 「모든생물」과 같은 의미 / '%' Prozent 로 읽는다 /aus
et. bestehen: ~으로 구성되다 /mit dem menschlichen Leibe ist es nicht anders:
mit … Leibe 는 의미상의 주어, es 는 문법상의 주어 /sein Gehalt an Wasser:
인간이 지니고 있는 물의 함유량

57. Leichte Musik hört man in manchen der Kaffeehäuser, die in
jeder Straße in Wien zu finden sind. Das Kaffeehaus ist eine österrei-
chische Einrichtung; eine Art demokratischer Klub, wo jeder Gast für
den Preis einer Tasse Kaffee stundenlang sitzen, schreiben, diskutieren,
Karten spielen und vor allem Dutzende von Zeitungen und Zeitschriften
lesen kann. In einem besseren Kaffeehaus liegen nicht nur alle Wiener,
sondern auch ausländische Zeitungen und Zeitschriften aus ganz Europa
und Amerika auf.

---

in manchen (Kaffeehäusern) /zu finden sind: 》수동의 가능《을 나타내는 「sein
+zu 부정형」 /wo 는 관계부사이며, jeder Gast 의 정동사는 kann /vor allem: 무
엇보다도 /In einem besseren Kaffeehaus: 「비교적 훌륭한 찻집에서는」, besser 는
절대적 비교급 /nicht nur…, sondern [auch]…: …뿐만 아니라, …도 /alle Wiener
다음에는 Zeitungen und Zeitschriften 이 생략되었음, 도시명을 형용사로 사용
할 때는 그 다음 명사의 성·격·수에 관계없이 어미 〈-er〉을 붙인다.

58. Ein jeder Mensch braucht in seinem Leben einen Freund, dem
er ganz vertrauen kann. Wer keinen Freund hat, kann kein glückli-

cher Mensch sein; denn ihm fehlt im Leben etwas, was das Leben
erst wertvoll macht: das Gefühl, sich auf einen Menschen verlassen
zu können. Der Freund teilt mit uns nicht nur das, was uns Freude
breitet, sondern er ist es, der uns in Fällen der Not zuverlässig und
treu zur Seite steht. Deshalb müssen wir einen Freund als etwas be-
trachten, was unser Leben bereichert und schöner macht.

註═══════════════════

   jm. vertrauen: ∼를 신뢰하다 /wer..., (der)...형식 /etwas, was das Leben...
macht; das, was uns ... bereitet; etwas .., was unser Leben ... macht; was 는
모두 부정 관계대명사이며 etwas, das 는 선행사이다 /sich⁴ auf jn. verlassen :∼
를 믿다/mit jm. et.⁴ teilen: ∼와 ∼을 나누다, 함께하다 /er ist es, der ... steht:
「...한 사람은 그다」, der의 실제상의 선행사는 er 이나 의미상의 선행사는 es /jm.
zur Seite stehen: ∼편에서다, ∼를 돕다 /als et. betrachten: ∼으로 간주하다

59. Auch in der Fußbekleidung sind die Damen viel mehr von der
Mode abhängig als die Männer. Während es den Männern meist darauf
ankommt, daß der Schuh zweckmäßig ist, legen die Frauen und Mäd-
chen vor allem Wert darauf, daß er gut aussieht oder gar elegant ist.
So tragen sie oft Schuhe mit hohen und spitzen Absätzen, in denen
sie kaum gehen können.

註═══════════════════

   die Fußbekleidung 신는 것(구두·양말 따위) /viel mehr: 훨씬더 /von et.
abhängig sein=von et. abhangen: ∼에 달려있다, 의존하다 /es kommt (jm.)
auf et.⁴ an: (∼에게는) ∼이 문제이다, ∼에 달려있다 /auf et.⁴ Wert legen: ∼
에 가치를 두다 /vor allem: 무엇보다도 /in denen sie ... können: denen은 관계
대명사 복수 3격으로 선행사는 Schuhe

60. Der Unterricht auf der Universität soll den Studenten dazu
anleiten, die letzten Prinzipienfragen zu erfassen, ihre Bedeutung zu
verstehen und sie selbständig zu erforschen. Nicht fertigen Gedanken
mitzuteilen, ist die Aufgabe des Universitätsprofessors, sondern zum
Nachdenken zu erregen und ihm die Wege zu weisen. Das wird freilich
niemand können, der nicht eigene Gedanken hat.

jn. zu et. anleiten: ～를 ～으로 이끌다, 지도하다. dazu는 다음의 zu er-
fassen, zu verstehen, zu erforschen을 받음 /mitzuteilen, zu erregen, zu weisen
은 술어로 쓰였음 /jn. zu et. erregen: ～를 ～하도록 자극하다

▶ 시계의 시간 표현법

Uhr (복수 없음) 시, Minute (f. -n) 분, Sekunde (f. -n) 초
Wieviel Uhr ist es? Wie spät ist es?
  1.00 Uhr=Es ist eins (od. ein Uhr).
  2.00 Uhr=Es ist zwei (Uhr).
  3.05 Uhr=Es ist fünf (Minuten) nach drei (Uhr).
  3.10 Uhr=Es ist zehn nach drei.
* [후]는 nach, [전]은 vor이다. 분(分)다음에 전치사가 없으면 (auf)가 생
  략된 것이다. auf는 몇 시를 향해서 진행 중이라는 뜻이다.
  3.15 Uhr=Es ist (ein) Viertel nach drei. /Viertel vier.
  3.30 Uhr=Es ist halb vier.
  3.45 Uhr=Es ist (ein) Viertel vor vier. /drei Viertel vier.
* 30분은 halb ($\frac{1}{2}$), 15분은 ein Viertel ($\frac{1}{4}$), 45분은 drei Viertel ($\frac{3}{4}$)
  3.20 Uhr=Es ist zwanzig nach drei. / zehn vor halb vier.
  3.25 Uhr=Es ist fünf vor halb vier.
  3.35 Uhr=Es ist fünf nach halb vier.
  3.40 Uhr=Es ist zehn nach halb vier. / zwanzig vor vier.
* 30분을 중심으로 한 10분 전후는 보통 halb를 기준으로 표현한다.
  3.50 Uhr=Es ist zehn vor vier.
  3.55 Uhr=Es ist fünf vor vier.
  4.00 Uhr=Es ist vier (Uhr).
  趐 24時를 기준으로 하는 경우 (기차 시간 등)에는 다음과 같다.
    8.05 Uhr=acht Uhr fünf (Minuten)
    9.25 Uhr=neun Uhr fünfundzwanzig
   10.10 Uhr=zehn Uhr zehn
   11.15 Uhr=elf Uhr fünfzehn
   12.30 Uhr=zwölf Uhr dreißig
   13.00 Uhr=dreizehn Uhr / ein Uhr nachmittags
   16.10 Uhr=sechzehn Uhr zehn / zehn nach vier nachmittags
   19.15 Uhr=neunzehn Uhr fünfzehn / ein Viertel nach sieben abends
   23.45 Uhr=dreiundzwanzig Uhr fünfundvierzig / ein Viertel vor
     zwölf nachts.
    0.10 Uhr=Null Uhr zehn / zehn nach zwölf nachts

Abschnitt 7. 관계대명사

정관계대명사 : der 와 welcher
부정관계대명사 : wer 와 was

§1. 정관계대명사 : der 와 welcher

정관계대명사는 반드시 일정한 선행사(사람·사물)와 관계를 맺으며 격변화는
다음과 같다.

● der 와 welcher 의 격변화

	m.	f.	n.	pl.	m.	f.	n.	pl.
N.	der	die	das	die	welcher	welche	welches	welche
G.	**dessen**	**deren**	**dessen**	**deren**	*(dessen)*	*(deren)*	*(dessen)*	*(deren)*
D.	dem	der	dem	**denen**	welchem	welcher	welchem	welchen
A.	den	die	das	die	welchen	welche	welches	welche

■ 관계문에 있어서의 주의 사항

① 관계대명사의 성과 수는 선행사와 일치되어야 한다.
② 관계대명사의 격은 관계문 자체에서 역할에 따라 정해진다.
③ 관계문은 부문장이므로 후치법이다. (정동사가 문미에 위치)
④ 관계대명사와 선행사 사이에는 콤마를 찍고, 관계문 뒤에 다른 문장이 계
   속될 때는 관계문 전후에 콤마를 찍는다.
⑤ 관계대명사는 생략될 수 없다.
⑥ 관계대명사는 관계문의 선두에 위치하며, 그 앞에 올 수 있는 것은 전치사
   뿐이다.

---

* der 와 welcher 의 용법

1) 선행사가 명사일 때는 der 와 welcher 어느 것을 사용해도 무방하지만 일상
회화에서는 가벼운 der 형을 주로 쓴다. welcher 는 2 격이 없으므로 der 의 2 격이
대용된다.

Der Herr,
{ *der* (= welcher) morgen aus Berlin kommt,
  dessen Bild ich Ihnen zeige,
  dem (= welchem) ich den Brief schreibe,
  den (= welchen) wir heute gesehen haben, }
ist mein Lehrer.

2) 선행사가 인칭대명사일 때는 der 형만을 사용한다(welcher 형은 不可). 그리
고 선행사가 단수·복수 1인칭, 2인칭 (존칭조함)의 인칭대명사이고 관계대명사가
1격일 때는 관계대명사 다음에 다시 인칭대명사를 반복해서 써도 좋다. 이때 정동
사는 인칭대명사와 일치한다.

$\left[\begin{array}{l}\text{a. Ich, der dein Freund ist, liebe dich.}\\ \text{b. Ich, }der\ ich\text{ dein Freund }bin\text{, liebe dich.}\end{array}\right.$

$\left[\begin{array}{l}\text{a. Du, die eine Schülerin ist, arbeitest fleißig.}\\ \text{b. Du, }die\ du\text{ eine Schülerin }bist\text{, arbeitest fleißig.}\end{array}\right.$

3) 전치사는 관계대명사 앞에 놓인다.

선행사가 사물인 경우에 한하여 wo+전치사 (전치사가 모음으로 시작되면 wor)의 융합형을 쓰기도 한다. 선행사가 사람인 경우에는 이러한 융합형을 쓰지 못한다.

Der Herr, mit *dessen* Sohn ich zur Schule gehe, ist ein Arzt.

Die Dame, *mit der* ich sprach, war die Frau des Lehrers.

Der Füller, *womit* (=mit dem) ich immer schreibe, ist sehr gut.

Das Zimmer, *worin* (=in dem) er wohnt, ist groß.

§2. 부정관계대명사 : wer 와 was

정관계대명사가 특정의 사람이나 사물을 뜻하는 데 반하여, 부정관계대명사는 막연히 일반 사람(wer)이나 사물(was)을 나타낸다.

● **wer** 와 **was** 의 격변화

N. wer	was
G. wessen	(wessen)
D. wem	—
A. wen	was

1) **wer** 의 용법

wer 로 인도되는 부문장은 주문장 앞에 위치하며 wer 에 대해서 지시대명사 der (dessen, dem, den)를 주문장의 문두에 놓고 관계 문장을 받는데 wer 와 der 가 동격일 때는 (2격은 제외) der 형을 생략해도 좋다. wer 는 결코 선행사를 취하지 못한다.

Wer das gesagt hat, (*der*) ist ein Lügner.

Wer mir hilft, *dem* bin ich dankbar.

Wer mich liebt, *den* liebe ich auch.

Wessen Herz rein ist, *der* lebt glücklich.

Wessen Recht groß ist, *dessen* Pflicht ist auch groß.

Wem ich traue, *den* verehre ich.

Wem nicht zu raten ist, (*dem*) ist auch nicht zu helfen.

Wen Gott liebt, *der* ist glücklich.

Wen Gott liebt, (*den*) züchtigt er.

2) **was**의 용법

ⓐ was로 인도되는 부문장이 주문장 앞에 위치할 때는 was에 대해서 지시대명사 das (dessen, dem, das)를 주문장의 문두에 놓고 관계 문장을 받는데 둘 다 동격일 때는 das형을 생략해도 좋다.

Was die Menschen glücklich macht, (*das*) ist Liebe.

Was man versprochen hat, (*das*) muß man halten.

Was du heute tun kannst, (*das*) verschiebe nicht auf morgen!

ⓑ 다음과 같은 것을 선행사로 가질 수 있는 관계대명사는 was이다.

1. 중성지시대명사 : das

2. 중성부정대명사 : etwas, nichts, alles, vieles, manches, einiges, ein(e)s 등

3. 중성 명사화한 형용사 : Gutes, das Gute, das Beste, etwas Neues, das wenige, das andere, das einzige, das erste 등

   Ich glaube nur *das*, *was* ich sehe.

   Du hast *etwas* gemacht, *was* verboten ist.

   Das ist *das Beste*, *was* ich tun kann.

   Ich vergesse *nichts*, *was* er mir gesagt hat.

   Die erste Liebe ist *das Schönste*, *was* ein Herz empfindet.

ⓒ was가 전치사와 결합할 때는 반드시 「wo[r]+전치사」의 융합형을 써야 한다.

   Ein Kind fragt vieles, *worauf* wir nicht antworten können.

   Das ist etwas, *wovon* ich keine Ahnung habe.

   (그것은 내가 전혀 예상할 수 없는 일이다.)

ⓓ was는 앞문장 전체 또는 그 일부를 받는다.

   Er ist schon tot, *was* seine Frau noch nicht weiß.

   (그는 이미 죽었는데, 그의 부인은 그사실을 아직도 모르고 있다.)

   Er half uns bei der Arbeit, *worum* wir ihn gebeten hatten.

   (그는 일할 때 우리들을 도와주었다. 일할 때 우리를 도와 달라는 부탁을 우리는 그에게 했었다.)

● 형용사(부사)의 반대어

* arm 가난한   * groß 큰
  reich 부유한   klein 작은
* alt 늙은 (낡은)   * langsam 천천히
  jung (od. neu) 젊은 (새로운)   schnell 빨리
* kalt 추운   * dunkel 어두운
  warm (od. heiß) 더운 (뜨거운)   hell 밝은

* anwesend 출석한
  abwesend 결석한
* frei 빈(방·좌석)
  besetzt 차지한
* klug 영리한
  dumm 우둔한
* billig 값싼
  teuer 값비싼
* breit 넓은
  schmal 좁은
* dick 두꺼운 (뚱뚱한)
  dünn 얇은 (홀쭉한)
* kurz 짧은
  lang 긴
* nah(e) 가까운
  fern 먼
* nützlich 유익한
  schädlich 해로운
* früh 일찌기
  spät 늦게
* gut 좋은
  schlecht 나쁜
* stark 강한
  schwach 약한
* viel 많은
  wenig 적은
* sauber 깨끗한
  schmutzig 더러운
* glücklich 행복한
  unglücklich 불행한
* möglich 가능한
  unmöglich 불가능한

* lebendig 살아 있는
  tot 죽은
* leer 빈
  voll 가득찬
* richtig (od. recht) 올바른(맞는)
  falsch 거짓의 (틀린)
* leicht 가벼운 (쉬운)
  schwer 무거운 (어려운)
* link(s) 왼쪽의(에)
  recht(s) 오른쪽의(에)
* fleißig 부지런한
  faul 게으른
* männlich 남성적인
  weiblich 여성적인
* fett 살찐
  mager 여윈
* oben 위에
  unten 아래에
* innen 안에
  außen 밖에
* vorn 앞에
  hinten 뒤에
* gesund 건강한
  krank 병든
* hoch 높은
  niedrig 낮은
* tief 깊은
  seicht 얕은
* trocken 마른
  naß (od. feucht) 젖은
* wichtig (od. bedeutend) 중요한
  unbedeutend 중요하지 않는

6 1. Eine der sensationellsten Entdeckungen des letzten Jahrhun-
derts ist die Entdeckung der X-Strahlen durch den deutschen Physiker
Konrad Röntgen.

Im Herbst des Jahres 1895 entdeckte Röntgen die wichtige Eigen-
schaft gewisser Strahlen, feste Körper zu durchdringen und so deren
innere Struktur dem menschlichen Auge sichtbar zu machen. Die
von ihm selbst nach der mathematischen Unbekannten „X" benannten
Strahlen haben eine so ungeheure Bedeutung erlangt, daß man sich
heute eine naturwissenschaftliche Arbeitsweise ohne ihre Unterstützung
kaum noch vorstellen könnte.

註————————————

　　Eine (Entdeckung) der ... Entdeckungen /zu durchdringen 과 zu machen 은
die wichtige Eigenschaft 의 내용을 나타내는 부정구 /deren 은 지시대명사 복수
2격으로 앞의 feste Körper 를 지시함 /Unbekannte＝die unbekannte Größe: 미
지수 /benannt 는 benennen「명명하다」의 과거분사로서 Strahlen 의 부가어 /so...,
daß... 형식 /sich[3] vorstellen: 상상하다 /könnte 는 접속법 II식으로 외교화법

6 2. Kranker: „Guten Tag, Herr Doktor.
　　Ich habe seit heute morgen Kopfschmerzen."
Arzt: „Wir wollen gleich sehen. Bitte, nehmen Sie hier Platz."
　　Der Arzt fühlt dem Kranken den Puls.
Arzt: „Ich muß Ihre Temperatur messen. Sie haben Fieber."
　　Der Arzt untersucht das Herz und die Lungen.
Arzt: „Bitte, atmen Sie tief. Gut, danke. Bitte, machen Sie den
　　Mund weit auf."
　　Der Arzt sieht in den Hals.
Arzt: „So, danke. Sie haben eine leichte Grippe."
　　Der Arzt verschreibt eine Arznei.
Arzt: „Gehen Sie in die Apotheke und kaufen Sie sich diese Medizin!
　　Sie müssen sie dreimal täglich nehmen. In ein paar Tagen wird
　　das Fieber fallen."
Kranker: „Vielen Dank. Auf Wiedersehen!"
Arzt: „Auf Wiedersehen. Gute Besserung!"

Guten Morgen! Guten Tag! Guten Abend! Gute Nacht! 등은 모두 4격, 앞
에는 Ich wünsche Ihnen 이 생략되었음 /heute morgen: 오늘아침, heute mittag:
오늘 낮, heute abend: 오늘 저녁, heute nacht: ① 오늘밤 ② 지난밤(시간부사
뒤에 오는 시간명사는 소문자로 씀) / der Kopfschmerz=das Kopfweh: 두통
/Platz nehmen=sich⁴ setzen: 앉다 /dem Kranken 은 소유의 3격 /die Grippe 유
행성감기 /ein paar=einige=mehrere: 두 서넛의, ein paar, ein wenig, ein
bißchen 은 어미변화를 하지 않음 /Auf Wiedersehen!=Leben Sie wohl! 안녕
/Gute Besserung! 쾌유되시길 빕니다.

63. Von großer Bedeutung für die Entstehung von Infektionskra-
nkheiten ist die Tatsache, daß lebenskräftige Infektionskeime sich auch
noch bei solchen Menschen reichlich finden können, welche schon von
der Krankheit genesen sind und sich von den übrigen Menschen nicht
mehr isoliert halten zu müssen glauben.

von Bedeutung sein: 중요하다 /die Infektionskrankheit 전염병 /die Tatsache,
daß...: daß 이하는 die Tatsache 의 내용문 /von der Krankheit genesen: 병으로
부터 회복되다, 「genesen sind」는 현재완료형 /sich⁴ von jm. isolieren: ～와 격리
되다, isoliert 는 과거분사로서 부사로 쓰였음 /müssen ～할 필요가 있다

64. Jedes Jahr hat viele schöne Tage: Ostern, Pfingsten und die
Ferien. Aber am schönsten sind doch Weihnachten und der Geburtstag.
Jürgen meint: „Mein Vater hat heute seinen neunten Geburtstag!" Als
Jochen das hörte, mußte er lachen: „Aber Jürgen, das ist nicht mög-
lich. Du bist doch auch neun Jahre alt." Jürgen nimmt seinen Kalender
und erklärt: „Die meisten Monate haben 30 oder 31 Tage. Im Februar
aber sind es nur 28 Tage. Alle vier Jahre wird im Februar ein Tag
eingeschaltet. Das ist der 29. Februar. Dann hat mein Vater richtig
Geburtstag; denn er ist in einem Schaltjahr am 29. Februar geboren. "

Im Februar sind es 28 Tage: es 는 문법상의 주어(가주어), 28 Tage 는 의미
상의 주어(진주어), 동사는 진주어의 수에 일치된다 /alle vier Jahre = jedes
vierte Jahr: 4년마다 /einschalten 삽입하다, 「wird ... eingeschaltet」는 수동의

현재형 /「ist ... geboren」는 살아있는 사람의 경우에 쓰고, 「wurde ... geboren」는
이미 죽은 사람에게 씀 /das Schaltjahr 윤년(閏年)

65. Otto lief Schlittschuh. Das Flüßchen war aber noch nicht fest
zugefroren. Auch ein kleines Mädchen hatte sich schon auf das Eis
gewagt. Es brach ein und schrie laut um Hilfe. Otto eilte sofort hinzu.
Aber auch er sank ins eiskalte Wasser. Doch hielt er sich oben. Er
erfaßte das Mädchen, das schon am Ertrinken war. Mit voller Kraft
schob er es auf den festeren Teil des Eises zurück. Ganz naß waren
beide. Otto führte die Kleine aber erst zum Haus ihrer Eltern. Als
sie dort glücklich in Obhut war, eilte er davon. Er wollte keinen
Dank für seinen Rettungsdienst haben.

Schlittschuh laufen: 스케이팅을 하다/「war ... zugefroren」는 과거완료형 /sich⁴
auf das Eis wagen: 대담하게도 얼음위로 가다 /Es brach ein: Es 는 das Mäd-
chen /am Ertrinken sein: 익사 상태에 있다 /in Obhut sein: 보호를 받다

66. Eines Abends erschien ein würdiger Bürger auf einer Stern-
warte und sagte, er sei gekommen, um den Mond durchs Teleskop zu
sehen. „Kommen Sie nach fünf Stunden wieder; der Mond geht erst
zwei Uhr morgen früh auf, und jetzt ist es doch erst neun Uhr."„Das
weiß ich recht gut," antwortete der Besucher. „Deshalb komme ich ja
eben erst; wenn er erst aufgegangen ist, kann ich ihn auch ohne
Teleskop sehen. "

eines Abends 「어느날 저녁에」는 2격부사구 /die Sternwarte 천문대 /er sei
gekommen: 간접화법의 접속법 제 I 식 과거형 /erst zwei Uhr: 2시에야 비로소,
erst neun Uhr: 겨우 9시, eben erst: 지금막, 방금 /wenn ... erst: ... 하기만
하면 (곧) /morgen früh: 내일 아침, morgens früh (=früh morgens): 아침 일
찍이 /recht gut: 썩잘 (gut 와 sehr gut 의 중간)

67. Die meisten Entdeckungen sind das Ergebnis langer Forschun-
gen, aber viele Entdeckungen haben als Ursprung die aufmerksame

Beobachtung von natürlichen Erscheinungen, die von geringer Bedeutung zu sein schien.

註

    das Ergebnis 결과 /die Forschung 연구 /die Ursprung 본원 /die Beobachtung 관찰 /die Erscheinung 현상 /von Bedeutung sein: 중요하다 /scheinen ... zu 부정형 : ...인 것같이 보이다

68. Die tägliche Erfahrung lehrt uns, daß ein ruhender Körper nicht von selbst in Bewegung kommt. Andererseits beobachten wir, daß jeder in Bewegung befindliche Körper scheinbar von selbst wieder zur Ruhe kommt. Wir erkennen aber, daß äußere Umstände die Zeit, die der Körper braucht, um aus der Bewegung in ein Ruhestand zu kommen, in hohem Maße beeinflussen. So kommt eine Kugel, die auf losem Sande waagerecht geworfen wird, schon nach kurzer Zeit zur Ruhe, dagegen bleibt dieselbe Kugel, wenn sie auf festgetretenem Boden oder auf dem Asphaltpflaster oder gar auf einer spiegelglatten Eisfläche geworfen wird, sehr lange in Bewegung.

註

    jn. et.⁴ lehren: ~에게 ~을 가르치다, daß 이하는 lehren 의 목적어 /ein ruhender Körper: 정지해 있는 물체 /von selbst: 스스로, 자연히 /in Bewegung kommen: 움직이다 /「jeder...befindliche Körper」는 형용사의 약변화 /zur Ruhe kommen: 정지하다 /in hohem Maße: 고도로 /et.⁴ beeinflussen: ~에 영향을 주다. beeinflussen 의 주어는 äußere Umstände 이고, 목적어는 die Zeit /los 풀어 놓은 /waagerecht 수평으로

69. Du magst vielleicht nicht spüren, wie mein Herz in Liebe zu ihm verbrennt. Wenn Du auch ihn liebtest, liebtest Du ihn doch nicht so wie ich. Du würdest nicht danach streben, wenn er Dich nicht wiederliebte, aber das täte ich.

註

    wie 이하는 spüren 의 목적어 /편지에서는 du, deiner, dir, dich 와 소유대명사 dein 을 대문자로 씀 /Wenn Du auch ihn liebtest: 「wenn ... auch ... (접속법 Ⅱ 식)」은 가정적 인용문 /Du würdest ... streben: 제 1조건법, nach et. streben:

~을 얻으려고 노력하다.

70. Die Atmung ist wie das Pulsieren des Herzens eine so überaus wichtige Lebenstätigkeit, daß das Leben bedroht ist, wenn sie auch nur kurze Zeit aussetzt. Schon eine Atempause von einer Minute ist gefährlich. Der Atem ist aber vor allem dadurch eine der wichtigsten Lebenstätigkeiten, daß sie den Sauerstoff in den Körper bringt. Sein Fehlen läßt in kürzester Zeit das Leben aufhören.

🈳———————— ———

　　das Pulsieren 고동 /so..., daß...형식 /überaus 극히 /「bedroht ist」는 상태수동 /' wenn sie auch nur kurze Zeit aussetzt:「호흡은 짧은 시간만이라도 정지한다면」 (wenn과 auch는 연관관계가 없는 것으로 번역함) /vor allem: 무엇보다도 /dadurch는 daß 이하를 받음 /eine (Lebenstätigkeit) der wichtigsten Lebenstätigkeiten/ Sein Fehlen: Sein은 Sauerstoff를 받음.

Beruf [직업]	
der Lehrer 「선생」	der Pfarrer 「목사」
der Professor 「교수」	der Friseur[frizö:r] 「이발사」
der Arzt 「의사」	der Soldat 「군인」
der Pfleger 「간호원」	der Schutzmann 「경찰관」
der Arbeiter 「노동자」	(od. der Wachtmeister)
der Gärtner 「정원사」	der Staatsmann 「정치가」
der Sänger 「가수」	der Landmann 「농부」
der Schauspieler 「배우」	(od. der Bauer)
der Fischer 「어부」	der Kaufmann 「상인」
der Bäcker 「빵을 굽는 사람」	der Maler 「화가」
der Schneider 「재단사」	der Kellner 「보이」
der Autofahrer 「자동차 운전수」	der Jäger 「사냥꾼」
der Schaffner 「차장」	der Verkäufer 「판매원」
der Schuhmacher 「구두만드는사람」	der Baumeister 「건축기사」
(od. der Schuster)	der Diener 「하인」
der Uhrmacher 「시계 만드는 사람」	der Bergmann 「광부」
der Briefträger 「우편 집배원」	der Zimmermann 「목수」
(od. der Postbote)	der Fährmann 「뱃사공」

Abschnitt 8. 복합시칭

● 복합시칭의 형태

현재완료 : haben·sein 의 현재 ········ 과거분사(문미)
과거완료 : haben·sein 의 과거 ········ 과거분사(문마)
미   래 : werden 의 현재 ········ 현재부정법(문미)
미래완료 : werden 의 현재 ········ 과거부정법(문미)

A. 완료형에서 **sein**을 취하는 동사
자동사 중에서
1) 장소의 이동을 나타내는 것 :
   gehen, kommen, fahren, laufen, reisen, schwimmen
2) 상태의 변화를 나타내는 것 :
   sterben, wachsen, schmelzen, erwachen, erkranken
3) sein, werden, bleiben 동사
4) 3격 지배 자동사 중에서 8개 :
   begegnen, folgen, geschehen, weichen,
   gelingen, mißlingen, glücken, mißglücken

B. 완료형에서 **haben**을 취하는 동사
1) 타동사 전부 : Das Mädchen hat das Fenster geöffnet.
2) 재귀동사 전부 : Ich habe mich auf den Stuhl gesetzt.
3) 화법조동사 전부 : Er hat es gekonnt.
4) 비인칭동사 대부분 : Es hat gestern stark geregnet.
5) sein 지배 동사를 제외한 자동사 전부

● 인 사 말

* Guten Morgen! (=Good morning!)
* Guten Tag! (=Good afternoon!)
* Guten Abend! (=Good evening!)
* Gute Nacht! (Good night!)
* Danke schön! (=Herzlichen Dank!) 매우 감사합니다.
* Gott[3] sei Dank! 아이 고마워라, 고맙게도
* Grüß Gott! 안녕하십니까! 안녕히 가십시요!
* Bitte schön (sehr)! 천만의 말씀입니다.
* Wie, bitte? 무엇이라고 말씀하셨읍니까?

* Verzeihen Sie! (=Entschuldigen Sie!) 용서하십시오!

* Es tut mir leid! 유감입니다.

* Wie geht es Ihnen? —Danke, es geht mir gut. 안녕하십니까? —네, 잘 지냅니다.

* Wie befinden Sie sich? —Danke, ich befinde mich wohl! 안녕하십니까? — 네, 잘 지냅니다.

* Wohin gehen Sie? (=Wo gehen Sie hin?) 어디가십니까?

* Was fehlt Ihnen? (=Wo tut es Ihnen weh?) —Ich habe Kopfweh. 어디가 아프신가요? —머리가 아픕니다.

* Bitte, nehmen Sie Platz! (=Setzen Sie sich!) 앉으십시오!

* Grüßen Sie ihn bestens von mir! 그분에게 저의 안부를 전해 주십시오

* Natürlich! (=Freilich! Selbstverständlich!) 물론이지요!

* Einen Moment bitte! (=einen Augenblick bitte!) 잠깐만!

* Mache es dir bequem! 편안한 자세를 취하게!

* Nehmen Sie sich in acht! 조심하십시오!

* Schöne Ferien! 즐거운 휴가가 되시길!

* Guten Appetit! 많이 드십시오!

* Viel Vergnügen! 재미 많이 보십시오!

* Viel Glück und alles Gute! 다복하시고 만사형통 하시길!

* Guten Erfolg! 성공을 빕니다.

* Glückliche Reise! 행복한 여행이 되시길!

* Angenehme Ruhe! 즐거운 휴식이 되시길!

* Gute Besserung! (병의 회복): 쾌유 하시길 빕니다!

* Gute Erholung! (휴가 동안의 휴양): 즐거운 휴양이 되시길!

* Gefällt es Ihnen in Seoul? 서울이 당신 마음에 드시는지요?

* Seien Sie mir herzlich willkommen! 정말 잘 오셨읍니다.

* Das ist nett von ihm! 그가 그렇게 한 것은 참 고마운 일입니다.

* Das ist sehr freundlich von Ihnen! 매우 감사합니다.

* Meinen herzlichsten Glückwunsch zu Ihrer Verlobung (Vermählung)! 당신의 약혼(결혼)을 진심으로 축하합니다.

* Frohe Weihnachten! (=Ein schönes Weihnachtsfest!) (=merry Christmas!)

* Ein glückliches Neues Jahr! (=Viel Glück im Neuen Jahr!) (=a happy New Year!)

* Fröhliche Ostern! (=Ein frohes Osterfest!) 즐거운 부활절을 맞이 하십시오.

* Rauchen (ist hier) verboten! 금연

* Parken (ist hier) verboten! 주차금지

* Überholen (ist hier) verboten! 추월금지
* Links (Rechts) einbiegen (ist hier) verboten! 좌(우) 회전금지 ·
* Eintritt (ist hier) verboten! 출입금지

● 명사의 반대어

* die Achtung 존경
  die Verachtung 멸시
* die Ankunft 도착
  die Abreise 출발
* die Anwesenheit 출석
  die Abwesenheit 결석
* die Aufmerksamkeit 주의
  die Achtlosigkeit 부주의
* die Dunkelheit 어두움
  die Helligkeit 밝음
* die Einfuhr 수입(무역)
  die Ausfuhr 수출
* das Einkommen 수입
  die Ausgabe 지출
* der Erfolg 성공
  der Mißerfolg 실패
* der Fortschritt 진보
  der Rückschritt 퇴보
* die Frage 질문
  die Antwort 대답
* die Freude 기쁨
  das Leid (od. die Trauer) 슬픔
* der Friede[n] 평화
  der Krieg 전쟁
* das Glück 행복
  das Unglück 불행
* der Himmel 하늘(천국)
  die Erde (die Hölle) 땅(지옥)
* die Hoffnung 희망
  die Verzweiflung 절망

* die Klugheit 현명
  die Dummheit 우둔
* die Kälte 추위
  die Wärme (od. die Hitze) 더위
* das Lob 칭찬
  der Tadel 비난
* das Land 육지
  die See (od. das Meer) 바다
* die Länge 길음
  die Kürze 짧음
* die Länge 길이
  die Breite 넓이
* das Licht 빛
  der Schatten 그림자
* die Liebe 사랑
  der Haß 미움
* die Nachfrage 수요
  das Angebot 공급
* die Natur 자연
  die Kunst 인공
* die Niederlage 패배
  der Sieg 승리
* der Reichtum 富
  die Armut 貧
* die Fähigkeit 능력
  die Unfähigkeit 무능력
* die Komödie 희극
  die Tragödie 비극
* die Stärke 강함
  die Schwäche 약함

* die Seele 영혼
  der Leib 육체
* die Tapferkeit 용감
  die Feigheit 비겁
* der Tod 死
  das Leben (die Geburt) 生 (出生)
* die Erzeugung 생산
  der Verbrauch 소비
* der Gefahr 위험
  die Sicherheit 안전
* die Originalität 독창
  die Nachahmung 모방

* das Tier 동물
  die Pflanze 식물
* die Tugend 미덕
  das Laster 악덕
* der Vorteil 이익
  der Nachteil 손해
* der Vorfahr 선조
  der Nachkomme 자손
* die Vollkommenheit 완전
  der Fehler 결점
* die Bequemlichkeit 편리
  die Unbequemlichkeit 불편

7 1. Es war einmal im alten Griechenland ein Held, der versuchte, seinen König zu töten, weil dieser ein sehr grausamer Mann war. Aber der Held wurde gefangengenommen und zum Tode verurteilt. Er sagte dem König, er sei bereit zu sterben, aber er brauche drei Tage, um der Hochzeit seiner Schwester in einer fernen Stadt beizuwohnen, und er werde seinen besten Freund als Bürgen beim König lassen. Wenn er nicht rechtzeitig züruckkomme, so solle der Freund mit seinem Leben bezahlen. Der gute Freund willigte ein, Gefangener des Königs zu sein, während der Held unterwegs war. Am dritten Tag war die Hochzeit vorbei. Bei der Rückreise brach ein gewaltiger Regen aus. Er bemerkte, daß die Brücke durch das Wasser weggerissen worden war. Es gelang dem starken Manne, ans andere Ufer zu schwimmen. Als er durch einen Wald eilte, begegnete er einer Räuberbande, die ihm den Pfad sperrte. Schnell ergriff er die Waffe eines Räubers, und nachdem er drei von ihnen totgeschlagen hatte, liefen die anderen weg. Endlich kam er in der Stadt an. Gerade in diesem Augenblick sollte der Freund auf dem Marktplatz sterben. „Da bin ich wieder!" rief der Held dem König zu, „Nehmt mich und befreit meinen Freund!" Der König staunte, den Helden wieder zu sehen, und befreite sowohl ihn als seinen Freund.

Es war einmal ein Held: 「옛날에 한 영웅이 있었다」, Es 는 문법상의 주어이고 ein Held 는 의미상의 주어 /im alten Griechenland: 중성국명(지명)앞에 형용사가 올때는 반드시 정관사를 붙인다 /dieser (=der letztere): 지시대명사로서 앞의 König 를 지시함 /gefangennehmen 포로로하다 /jn. zum Tode verurteilen: ~에게 사형을 선고하다 /er sei …, aber er brauche …, und er werde …. Wenn er … zurückkomme, so solle der Freund … : 간접화법이므로 모두 접속법 I 식 동사를 사용하였음 /bereit sein, …zu 부정형 : …할 각오(준비)가 되어있다/ der Hochzeit[3] beiwohnen: 결혼식에 참석하다 /der Bürge 보증인 /Der Freund soll mit seinem Leben bezahlen. (=Ich will den Freund mit seinem Leben bezahlen lassen.)/Gefangener 「포로」는 과거분사의 명사화/weggerissen worden war: 수동의 과거완료 /Es gelingt jm., …zu 부정형 : ~는 …하는데 성공하다 /jm. begegnen: ~를 만나다 /Nehmt 와 befreit 는 Ihr (古型의 2인칭 경칭)에 대한 명령 /sowohl …als (auch) …: …도 …도

72. Ich war auf einem kleinen einsamen Bahnhof, tief in Rußland, ich warte auf den Zug, aber er kam nicht; es wurde Abend, da fragte ich endlich einen kleinen, alten Mann mit rotem Gesicht und weißen Haaren, der in den Wartesaal hineinschaute, wann der Zug endlich kommt. Der Alte lächelte wissend und sagte: „Hier kommt nie mehr ein Zug."

---

auf et.⁴ warten: ~을 기다리다 /der ... hineinschaute: der 는 관계대명사 남성 1격으로 선행사는 einen ... Mann /wann 이하는 fragte의 내용을 나타내는 부문 /der Alte: 형용사의 명사화

73. Die Erde hat die Gestalt einer Kugel. Sie wird von der Sonne beleuchtet. In vierundzwanzig Stunden dreht sie sich einmal um sich selbst. Auf derjenigen Hälfte der Erde, die von der Sonne beschienen wird. ist es Tag, die andere Hälfte liegt im Dunkeln, es ist Nacht. Während wir in Asien schlafen, wachen und arbeiten die Menschen in Europa, denn dann ist es dort Tag.

---

sich⁴ um sich selbst drehen: 자전하다 /Auf derjenigen Hälfte der Erde: derjenige 는 다음에 관계문장이 온다는 것을 예시하는 지시형용사로서 형용사 약변화를 함.

74. Liebes Fräulein!

Wenn ich darf, möchte ich Sie heute herzlich bitten, mich am nächsten Samstag um drei Uhr zu besuchen. Ich hätte es Ihnen eigentlich bereits am Mittwoch sagen sollen, habe mich dann aber zu sehr mit anderen ausländischen Studenten beschäftigt. Ein Freund von mir hat großes Interesse an Ihrem Heimatland. Deshalb möchte er einen Koreaner oder eine Koreanerin kennenlernen und mehr von Korea hören und wissen. Da es sich um einen guten Freund von mir handelt, würde ich ihm diesen Wunsch gern erfüllen. Wenn Sie so freundlich wären, mich am nächsten Samstag zu besuchen, würde ich Sie mit Herrn Mayer bekannt machen. Er ist ein netter Mann und studiert

auch Geschichte. Wir würden uns sehr freuen, wenn Sie kommen
könnten.

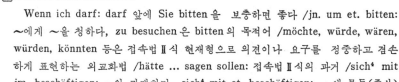

Wenn ich darf: darf 앞에 Sie bitten 을 보충하면 좋다 /jn. um et. bitten:
～에게 ～을 청하다, zu besuchen 은 bitten 의 목적어 /möchte, würde, wären,
würden, könnten 등은 접속법 Ⅱ식 현재형으로 의견이나 요구를 정중하고 겸손
하게 표현하는 외교화법 /hätte … sagen sollen: 접속법 Ⅱ식의 과거 /sich⁴ mit
jm. beschäftigen: ～와 관계하다, sich⁴ mit et. beschäftigen: ～에 몰두(종사)
하다 /an et.³ Interesse haben: ～에 흥미(관심)를 가지다 /Da＝Weil「～때문에」
은 종속접속사 /es handelt sich um et.: ～이 문제이다 /jn. mit einer Person
bekannt machen: ～를 어떤사람에게 소개하다.

75. Der Mensch mag sich wenden, wohin er will, ·er mag unter-
nehmen, was es auch sei, stets wird er auf jenen Weg zurückkehren,
den ihm die Natur einmal vorgezeichnet hat.

「mögen＋의문사＋wollen」과「mögen＋의문사＋auch＋접속법 Ⅰ식」은 인용문으
로 다음에 오는 주문장은 보통정치법이다. Der Mensch mag sich wenden,
wohin er will: 「인간이 어디로 향하건」, Der Mensch mag unternehmen, was
es auch sei: 「인간이 무엇을 꾀하건」

76. Ich verließ Heidelberg nicht gern; sechs reiche Jahre lagen
hinter mir, und ich liebte die Stadt, nicht nur wegen ihres immer
neuen landschaftlichen Reizes, sondern auch als Schauplatz des wesent-
lichsten Teiles meiner geistigen Entwicklung und als Wiege freund-
schaftlicher Beziehungen, die mich weiter begleitet haben, bis sie zum
größten Teile der Tod, zum Teile auch das Leben löste.

nicht gern＝ungern: 마지 못해서 /nicht nur…, sondern (auch) :… 뿐만 아
니라…도/landschaftlich 풍경의/wesentlich 중요한, 본질적인/freundschaftlich
우호적인/die…haben: die 는 관계대명사 복수로서 선행사는 freundschaftlicher
Beziehungen /bis sie…löste: bis 는 종속접속사, sie (freundschaftliche Bezie-
hungen)는 4격이고 der Tod 와 das Leben 은 1격으로 부문의 주어 /zum Teil
…, zum Teil …＝ teils …, teils …: 일부는 … 일부는 …/ lösen 해소하다

77. Ich möchte diesen Winter an einer Ferienreise nach Oberbay-
ern teilnehmen, um dort Ski zu laufen. Heute ging ich zum Reisebüro
und erkundigte mich nach Reiseplänen. Ein nettes Fräulein gab mir
darüber ausführliche Auskunft und auch einige Prospekte. Ich konnte
mich nicht sofort entscheiden, welchen Plan ich wählen soll. Trotzdem
war ich mit ihren freundlichen Auskünften ganz zufrieden und verließ
leichten Schrittes das Zimmer. Auf dem Weg nach Hause traf ich
einen Schulfreund und lud ihn dann in ein Café ein. Wir setzten uns
an einen Tisch und unterhielten uns miteinander über unsere Ferien-
pläne. Er war bereits entschlossen, sich für diese Semesterferien bei
seinen Eltern auf dem Lande aufzuhalten und sich ungestört auf das
Staatsexamen vorzubereiten. Nach einer Stunde trennten wir uns
voneinander.

───────────────────────

　　 diesen Winter＝in diesem Winter: 이번 겨울에 /an et.³ teilnehmen: ～에 참
가하다 /Ski laufen: 스키이를 타다 /sich⁴ nach et. erkundigen: ～을 문의하다
/darüber 는 앞의 Reiseplänen 을 받음 /sich⁴ entscheiden: 마음을 정하다,
「welchen ... soll」은 entscheiden 의 목적어 /mit et. zufrieden sein: ～에 만족
하다/leichten Schrittes: 「가벼운 걸음으로」는 2 격 숙어적 표현 /auf dem Weg:
도중에 /sich⁴ über et.⁴ unterhalten: ～에 대하여 이야기하다 /sich⁴ aufhalten: 체
류하다 /sich⁴ auf et.⁴ vorbereiten: ～을 준비하다 /aufzuhalten 과 vorzubereiten
은 entschlossen 의 부가어로 쓰였음 /sich⁴ trennen: 헤어지다

78. Da hörte ich ganz nah den Löwen brüllen, daß der Boden
zitterte. Wie verrückt sprang ich auf und lief den Abhang hinauf,
blieb aber oben stehen, als ich sah, daß das große Tier, kaum zehn
Schritte von mir, eben bei meinem Gewehr angekommen war. Und
wie versteinert blieb ich auch stehen, die Augen auf den Löwen geri-
chtet. Denn als er mich erblickte, kauerte er zum Sprung nieder,
gerade über meinem Gewehr. Wenn ich mich nur gerührt hätte, so
würde er gesprungen sein und mich unfehlbar zerrissen haben. Aber
ich stand und stand so einige lange Stunden, ohne ein Auge von ihm
zu wenden und ohne daß er eines von mir wandte. Er legte sich nieder
und betrachtete mich. Die Sonne stieg höher. Ich stand und stand wie

der Zeiger einer Sonnenuhr, denn mein Schatten ging mit den Stunden um mich herum, wurde ganz kurz und begann schon wieder länger zu werden. Auf diese peinliche Weise verging der ganze Tag. Aber abends kamen zwei Soldaten, die mich suchten. Erst nach einem wilden Kampf gelang es uns, den Löwen zu töten.

----

hören ... brüllen: hören 은 지각동사로서 zu 없는 부정형과 결합 /daß…:… 정도 로 /wie verrückt: 미친듯이 /stehenbleiben 선체로 있다 /das große Tier, kaum zehn Schritte von mir (=das große Tier, das kaum zehn Schritte von mir entfernt war) /ich blieb auch stehen, die Augen auf den Löwen gerichtet. (=ich blieb auch stehen, indem ich die Augen auf den Löwen gerichtet habe.)/ auf et.⁴ die Augen richten: ～에 눈을 돌리다 /Wenn ich ... gerührt hätte, so würde er gesprungen sein und ... zerrissen haben: 약속화법으로서 부문은 접속법 Ⅱ식의 과거이고, 주문은 제 2 조건법 /ohne …zu 부정형, ohne daß …: …하지 않고 /eines=ein Auge /sich⁴ niederlegen: 눕다 /um jn. herumgehen: ～의 둘레를 돌다 /beginnen …zu 부정형=anfangen …zu 부정형 : …하기 시작하다 /auf diese Weise=in dieser Weise: 이러한 방법으로 /es gelingt jm., …zu 부정형 : ～는 …하는데 성공하다

79. Man findet oft, wenn man ein wenig aufmerksam ist, daß die Menschen im Alter von ihren Kindern wieder ebenso behandelt werden, wie sie einst ihre alten und kraftlosen Eltern behandelt haben. Es geht auch begreiflich zu. Die Kinder lernen's von den Eltern; sie sehen und hören die Eltern nicht anders und folgen dem Beispiel.

----

ein wenig=ein bißchen: 약간 /daß 이하는 finden 의 목적어 /die Menschen im Alter: 노인들 /ebenso … wie …: …와 똑같이 /wie sie … haben: sie 는 die Menschen im Alter 를 받음/Es geht auch begreiflich zu: 그것은 역시 당연한 귀결이다 /jm. folgen: ～를 따르다

80. Das literarische Werk hängt vorwiegend von der Persönlichkeit des Autors ab. Wenn die Persönlichkeit des Dichters hervorragend ist, so sind seine Werke, welche von ihm geschaffen werden, auch hervorragend. Die Werke, von Goethe geschaffen, sind groß, weil seine

Persönlichkeit selbst groß **war**.

[註]━━━━━━━━━━━━━━

von et. abhangen (od. abhängen): ～에 달려있다 /vorwiegend 주로, 대체로
/hervorragend 뛰어난, 탁월한 /schaffen 창작하다 /Die Werke, von Goethe
geschaffen (=Die Werke, die von Goethe geschaffen wurden)

● 동사의 과거 인칭변화

과거인칭변화는 3요형의 과거원형에 일정한 과거인칭어미를 붙인다.
현재인칭변화와 같은 불규칙 현상은 전혀 없고 모두 규칙적이다.

		강변화동사	약변화동사	혼합변화동사
파 거 인 칭 어 미		*kommen*	*lieben*	*denken*
		kam	*liebte*	*dachte*
		gekommon	*geliebt*	*gedacht*
ich	——×	ich kam	liebte	dachte
du	——[e]st	du kamst	liebtest	dachtest
er	——×	er kam	liebte	dachte
wir	——[e]n	wir kamen	liebten	dachten
ihr	——[e]t	ihr kamt	liebtet	dachtet
sie	——[e]n	sie kamen	liebten	dachten
(Sie)				

[註] 단수 1인칭과 3인칭은 과거원형 그대로 이고, 기타 인칭은 현재 인칭어미
와 동일하다.

Abschnitt 9.   접속사의 종합

접속사는 낱말과 낱말, 구(句)와 구, 문장과 문장을 연결하는 역할을 하는 품사이다.

1) 병렬적 접속사 (정치법)

---

und 「그리고」,   aber 「그러나」,   allein 「그러나」,   oder 「또는」,
denn 「왜냐하면」,   (nicht…), sondern 「…이 아니고 오히려」,
nämlich 「즉, 왜냐하면」

---

2) 부사적 접속사 (도치법)

---

auch 「역시」, außerdem. übrigens 「그밖에」, dann 「그때, 그후」, da 「그때, 그곳에」, noch 「아직」, dazu 「게다가」, endlich, zuletzt 「드디어」, ferner 「더욱더」, trotzdem, dennoch, dessenungeachtet 「그럼에도 불구하고」, dagegen, hingegen 「이와 반대로」, sonst 「그렇지 않으면」, darum, daher, deshalb, deswegen 「그때문에」, also, folglich 「그러므로」, so 「그렇게」, sogar, und zwar 「더우기」, freilich, natürlich 「물론」, vielmehr 「오히려」, überdies 「이 뿐만 아니라」, doch, jedoch 「그러나」, indessen 「그 동안에」, usw.

---

3) 종속접속사(후치법)

종속 접속사는 주문장과 부문장을 결합시키는 접속사로서 부문장의 선두에 위치하며 정동사는 후치법이다. 부문장이 주문장 앞에 오게 되면 주문장은 도치법이 된다.

① 내용 : daß 「…하는 것」, ob 「…인지」

② 때 : als「…했을 때」, wenn「… 때에, …할 때마다」, bevor, ehe「…하기전에」, während 「… 동안에」, solange 「…동안에, …하는한」, bis 「…때 까지」, seit (-dem)「…이래」, nachdem 「…한 후에」, sobald 「…하자마자」, sooft 「…할 때마다」

③ 방법 : indem 「…하면서, …하므로서」, ohne daß 「…하지않고」, (an-)statt daß 「…하는 대신」

④ 비교 : wie 「…와 같이」, als 「…보다」, als ob, als wenn, wie wenn 「마치 …처럼」, je nachdem 「…함에 따라」, je …, desto (od. umso, je) 「…하면 할수록, 더욱더 …하다」

⑤ 결과·정도 : so…,daß 「…하므로 …하다」, …, so daß 「그 결과」, … so, daß 「… 정도로(daß 이하), zu …, als daß 「너무 …하므로 …하지 못한다」

⑥ 원인 : weil, da 「… 때문에」

⑦ 목적 : damit, auf daß, daß 「…하기 위하여」

⑧ 조건 : wenn 「만일 …이면」, falls, im Fall, daß 「… 경우에는」

⑨ 제한 : (in-)sofern, (in-)soweit 「…하는한」

⑩ 인용 : obgleich (ob…gleich), obwohl, obschon, wenn auch 「비록 …일지언정」

＊ 복합접속사

---

entweder … oder … 「…이거나 …이다」

weder … noch … 「…도 …도 아니다」

nicht nur (bloß, allein) …, sondern auch … 「…뿐만 아니라 …도」

sowohl, … als [auch] … 「…도 …도」

bald …, bald … 「때로는 … 때로는 …」

teils …, teils … 「일부는 … 일부는 …」

zwar (wohl, gewiß) …, aber (doch) … 「사실 … 하나, 그러나 …」

kaum …, als (so, da) … 「… 하자마자…」

● da[r]＋전치사와 wo[r]＋전치사의 용법

(A) da[r]＋전치사

① 인칭대명사(er, sie, es, sie)가 사물을 의미할 경우로서 전치사와 함께 쓰이면 반드시 da[r]＋전치사의 융합형을 써야 한다.

② 지시대명사(der, die, das, die)가 사물을 지시할 경우로서 전치사와 함께 쓰이면 반드시 da[r]＋전치사의 융합형을 써야 한다.

(B) wo[r]＋전치사

① 의문대명사 was 가 전치사와 함께 쓰이면 반드시 wo[r]＋전치사의 융합형을 써야 한다.

② 부정관계대명사 was 가 전치사와 함께 쓰이면 반드시 wo[r]＋전치사의 융합형을 써야 한다.

③ 정관계대명사(der, welcher)가 사물을 의미할 경우로서 전치사와 함께 쓰이면 wo[r]＋전치사의 융합형을 쓸 수 있다.

● 전치사의 목적어가 명사 또는 대명사가 아니고 zu 부정법(不正法)이거나, daß
로 인도되는 부문(副文)일 경우에는 「da[r]＋전치사」의 융합형을 써서 뒤에 오는
zu 부정구나 daß 로 인도되는 종속절(부문)을 받는다.

* Ich danke dir *dafür*, mir geholfen *zu* haben.
* Wir freuen uns *darauf*, in den Sommerferien an die See *zu* fahren.
* Die Freude des Lebens liegt *darin*, das Glück nicht außer sich, sondern in
  sich *zu* haben.
* Ich bin ihm *dafür* dankbar, *daß* er mir geholfen hat.
* Die Frau freute sich *darüber*, *daß* er mir geholfen hat.
* Die Frau freute sich *darüber*, *daß* ihr Mann gestern sicher in Busan
  ankam.
* Wir sind *damit* zufrieden, *daß* unser Volk einen guten Präsidenten ge-
  wählt hat.

▶ 자연 현상을 나타내는 비인칭동사

es regnet. 비가 온다.	es tagt. 날이 샌다.
es schneit. 눈이 온다.	es dämmert. 먼동이 튼다.
es blitzt. 번개불이 번쩍인다.	es dunkelt. 날이 저문다.
es donnert. 천둥이 친다.	es finstert. 어두워진다.
es friert. 얼음이 언다.	es weht. 바람이 분다.
es taut. 이슬이 내린다.	es stürmt. 폭풍이 분다.
es reift. 서리가 내린다.	es nebelt. 안개가 낀다.
es hagelt. 우박이 내린다.	es schlägt ein. 벼락이 떨어진다.

▶ 감정, 감각을 나타내는 비인칭동사

es hungert mich. 배가 고프다.	es träumt mir. 꿈꾼다.
es dürstet mich. 목이 마르다.	es graut mir. 무섭다.
es friert mich. 춥다.	es ahnt mir. 예감이 든다.
es schwitzt mich. 땀이 난다.	es schwindelt mir. 현기증이 난다.
es freut mich. 기쁘다.	es schaudert mir. 소름이 끼친다.
es reut mich. 후회한다.	es bangt mir. 걱정이다.
es ärgert mich. 화가 난다.	es gelingt mir. 성공한다.
es wundert mich. 이상하다.	es gefällt mir. 마음에 든다.

81. Wer den Alkohol entdeckt hat, hat mehr Glück und Freude
über die Welt gebracht, als man sich ausdenken kann, und mehr
Unglück zugleich als die Kriege der Weltmächte: wir wissen, daß
die Kenntnis des Alkohols uralt ist, daß nicht nur „schon die alten
Griechen," nein, Jahrhunderte und Jahrtausende früher „schon die
alten Ägypter und Babylonier" Bier und Wein kannten, daß alle
Völker in allen Erdteilen irgendeine Form alkoholischer Getränke
verehren.

「Wer..., (der)...」는 관계문 /mehr ..., als ... : ···이상의, mehr 와 weniger 는
부가어로 쓰여도 형용사 어미변화를 하지 않음 /sich³ et.⁴ ausdenken: ~을 생각
해내다 /die Weltmacht [f. ⁻e] 세계적인 강국 /wir wissen, daß die Kenntnis
... ist, daß nicht nur ... kannten, daß alle Völker ... verehren: daß 이하는
모두 wissen의 목적어 /irgendeine Form alkoholischer Getränke: irgendein-의
ein 은 부정관사어미 변화

82. Viele Menschen müssen aus der Heimat fort: ihr Beruf, ihre
Lernlust, ihr Schicksal treibt sie hinaus in die weite Welt. Sie müssen
ihren Heimatort verlassen und einen Wohnort wählen. So · oft sie
können, besuchen sie die lieben Eltern, Verwandten und Freunde in
der Heimat. Können sie das aber nicht, so bekommen sie Heimweh.
Viele zieht das Heimweh, die Sehnsucht nach Vater und Mutter oder
deren Grabe, wenn sie gestorben sind, die Sehnsucht nach dem Spiel-
platz ihrer Jugend, nach den heimatlichen Bergen und Tälern zurück.

Ich muß aus der Heimat fort(gehen): 나는 고향을 떠나지 않으면 안된다
/So oft sie können: so oft (=sooft) 「···할 때마다」는 종속접속사 /die lieben
Verwandten: Verwandten 은 형용사의 명사화 /Können sie..., so bekommen sie
Heimweh: Können 으로 시작되는 문장은 wenn의 생략문 /Viele (Menschen)는
4 격 /das Heimweh 는 zurückziehen의 주어로서 die Sehnsucht ..., die Sehn-
sucht ... 와 동격 /deren 은 지시대명사 복수 2 격으로 앞의 Vater und Mutter 를
지시함 /zurückziehen 뒤로 당기다, 되돌아가게 하다

83. Als Kolumbus 1492 mit drei Schiffen den Atlantik überquerte und Amerika entdeckte, geschah dies, wenn man so sagen darf, eigentlich irrtümlich. Er war nicht ausgezogen, um einen neuen Kontinent zu suchen, von dessen Vorhandensein er ja nichts wissen konnte. Der Seeweg nach Indien war es vielmehr, den er finden wollte. Man nahm damals bereits als ziemlich sicher an, daß die Erde eine Kugel sei. Und Kolumbus wollte das weit im Osten liegende Indien dadurch erreichen, daß er, immerzu nach Westen segelnd, die Erde umschiffte. Der Plan war durchaus richtig. Kolumbus glaubte bis zu seinem Tode tatsächlich, in Indien gelandet zu sein. Die von ihm entdeckten Inseln heißen deshalb bis heute Westindische Inseln, und ihre Ureinwohner nannte er Indianer.

---

wenn man so sagen darf: 이렇게 말할 수 있을런지 모르지만 /ausziehen= abfahren: 출발하다 /von dessen Vorhandensein: dessen 은 관계대명사 2격으로 선행사는 einen neuen Kontinent / Der Seeweg nach Indien war es vielmehr, den er finden wollte: es 는 관계대명사 den 의 의미상의 선행사, 실재상의 선행사는 Der Seeweg / das weit im Osten liegende Indien: weit im Osten liegend 는 Indien 의 부가어로 쓰인 관식구 /et.[4] erreichen: ~에 도달하다 /dadurch 는 daß 이하를 받음 /「immerzu nach Westen segelnd」는 현재분사구문 /die Erde umschiffen: 배로 세계일주하다 /Die von ihm entdeckten Inseln: von ihm entdeckt 는 Inseln 의 부가어로 쓰인 관식구

84. Ich saß eines Abends mit den Freunden auf dem Markusplatz in Venedig. Es war einer der Wochentage, an denen gewöhnlich die Musik spielt: auffallenderweise fand an jenem Abend das Konzert nicht statt, und wir wandten uns an den Besitzer des Kaffeehauses und fragten ihn. Verwundert antwortete er, ob wir denn nicht wüßten, daß heute der berühmte Maler gestorben sei, er nannte einen uns gänzlich unbekannten Namen, und daß aus diesem Grund die Stadt Venedig sich in Trauer befinde. Diese Worte bewegten uns, und wir beneideten ein Land, in dem der Tod eines Künstlers als ein nationales Unglück betrachtet wurde.

---

eines Abends: 어느날 저녁에 /Es war einer der Wochentage: einer (=ein

Wochentag): einer 는 부정대명사로서 정관사 어미변화를 함 /auffallenderweise
눈에 띄이게도, 이상하게도 /stattfinden 거행되다, 개최되다 /sich[4] wenden: 방향
을 돌리다 /ob wir denn nicht wüßten: ob 이하는 간접화법, wüßten 이 접속법 II
식인 것은 놀라움이나 의혹 또는 불신을 나타낼 때는 접속법 II식을 쓰게 된다.
직접화법에서 접속법동사가 쓰인 경우는 그대로 간접화법으로 옮겨진다 /daß heute
... sei, und daß aus ... befinde 는 wüßten 의 목적어 /einen uns gänzlich un-
bekannten Namen: uns gänzlich unbekannt 는 Namen 의 부가어로 쓰인 관식구
/aus diesem Grund: 이러한 이유로 /sich[4] befinden: (~상태에)있다 /als et.
betrachten: ~으로 간주하다

85. Wenn einer fünfundsiebzig Jahre alt ist, kann es nicht fehlen,
daß er mitunter an den Tod denke. Mich läßt dieser Gedanke in
völliger Ruhe, denn ich habe die feste Überzeugung, daß unser Geist
ein Wesen ganz unzerstörbarer Natur ist; es ist der Sonne ähnlich,
die bloß unseren irdischen Augen unterzugehen scheint, die aber eigen-
tlich nie untergeht, sondern unaufhörlich fortleuchtet.

E══════════

    einer=man / es 는 daß 이하를 받음 /an et.[4] denken: ~을 생각하다 /jn. in
Ruhe lassen:~를 성가시게 하지 않다/ich habe die feste Überzeugung, daß...:
daß 이하는 die feste Überzeugung 의 내용문 /es ist der Sonne ähnlich, die ...:
es 는 앞의 「daß unser Geist ...ist」를 받고, die 는 관계대명사로서 선행사는 der
Sonne / jm. ähnlich sein: ~를 닮다 /scheinen ···zu 부정형:···인 것 같이 보이다

86. Wir stiegen schon seit zwei Stunden an. Der Weg war schmal
und ziemlich steil. Aber je höher wir kamen, desto schöner öffnete
sich die Bergwelt vor uns. Wir gelangten an einen stillen Bergsee und
machten Rast. Das Wasser war grün und klar. Hohe Tannen spiegelten
sich darin. Zum Baden war es in dieser Jahreszeit schon zu spät. Der
September ist wegen der klaren Luft gut geeignet für Bergwanderungen;
man hat die schönste Fernsicht. Aber nachts kann es schon ziemlich
kalt sein. Wir übernachten in einer Hütte. Von dort genießen wir die
herrliche Aussicht.

田─────────

    ansteigen 오르다 /je+비교급···, desto+비교급··· : ···하면할수록, 더욱더 ···하

다 /an einen Ort gelangen: 어떤 장소에 도달하다 /Rast machen: 휴식을 취하다
/sich⁴ spiegeln: 거울에 비치다, 반영되다 /darin 은 im Wasser /geeignet 적당한

87. Von alters her hatten die Menschen auf der Jagd einen Begl-
eiter: den Hund. Er war es, der die Spur des Wildes aufnahm und den
Jäger an seine Beute heranführte; er war es auch, der dank seiner
Schnelligkeit ein verwundetes Wild einholte und zur Strecke brachte.
Ja, ohne Hund hätte es der Mensch wohl nicht wagen dürfen, einen
gefährlichen Bären oder ein anderes mächtiges Tier anzugreifen. Jäger
und Hund waren seit uralten Zeiten die besten Freunde und es sind
bis heute geblieben.

von alters her=seit alters: 옛부터 /Er war es, der…: es 는 관계대명사 der
의 의미상의 선행사, Er 는 실재상의 선행사 /dank「∼의 덕택으로」는 3격지배전
치사 /zur Strecke bringen: 죽이다, 처치하다 /ohne Hund hätte es … dürfen:
es 는 4격으로 anzugreifen 을 받음. ohne Hund 는 전제부에 해당하는 조건의
내용이며, 결론부는 접속법 II식의 과거 /es sind bis heute geblieben: es 는 die
besten Freunde 를 받음.

Hamburg, den 3. März 1980

88. Sehr geehrter Herr Walter!
Seit langer Zeit habe ich Ihnen nicht mehr geschrieben. Aber Sie
wissen, ich habe wenig Zeit, weil ich nächstes Jahr mein Studium in
Deutschland beenden will. Vor einigen Tagen habe ich mit meiner
Doktorarbeit begonnen.

Nun komme ich zum Grund meines Schreibens. Im nächsten Monat
beginnen die Ferien. Ich möchte nicht hier in der Großstadt bleiben,
weil ich in Ruhe arbeiten will. Ich habe nun eine große Bitte an Sie.
Ich möchte gern ein Zimmer in Heidelberg mieten. Können Sie mir
dabei helfen? Ich brauche nur ein kleines, möbliertes Zimmer in ruh-
iger Lage. Ich möchte gern ein Zimmer mit fließendem kaltem und
warmem Wasser, möglichst mit voller Pension.

Ich danke Ihnen schon jetzt für Ihre Mühe. Hoffentlich höre ich
bald von Ihnen.

Hochachtungsvoll

Ihr

Kildong Hong

nächstes Jahr=im nächsten Jahr: 내년에 /mit et. beginnen=mit et. an-
fangen: ~을 시작하다 /in Ruhe: 조용히 /an jn. eine Bitte haben: ~에게 부
탁이 있다 /möbliert 세간딸린 /volle Pension: 하루 3식을 포함한 하숙비 /
jm. für et. danken: ~에게 ~에 대하여 감사하다 /hochachtungsvoll 재배

89. Berlin, bis 1945 die Hauptstadt Deutschlands, ist heute eine
gespaltete Stadt. Umgeben von der sowjetisch besetzten Zone, hat sie
der „Eiserne Vorhang" in einen westlichen und einen östlichen Teil
zerschnitten. Die Bevölkerung beider Teile drängt zueinander. Ihr
Hoffen begegnet sich in dem Wunsch: „Berlin, die Hauptstadt Deutsch-
lands in Einheit und Freiheit!"

umgeben 은 과거분사형으로서 부사로 쓰였음(삼요형 : umgeben - umgab - um-
geben), von et. umgeben sein: ~에 둘러 쌓여져 있다 /hat sie der „Eiserne
Vorhang"... zerschnitten: sie 는 4격, 주어는 der „Eiserne Vorhang"이다. der
„Eiserne Vorhang" 「철의 장막」은 고유명사로 취급하여 대문자로 씀 /in Stücke
zerschneiden: 여러 조각으로 절단하다 /zueinander drängen: 서로 접근하려고 열
망하다 /das Hoffen=die Hoffnung /in Einheit und Freiheit: in은 상태를 나
타냄 (=im Zustande der Einheit und Freiheit)

90. Wenn auch einige Tiere an Gestalt dem Menschen ähnlich
sind, wenn andere ihn auch an Körperkraft, an Schärfe einzelner Sinne
übertreffen, wenn noch andere auch merkwürdige Beweise von Klug-
heit geben, so bleibt doch zwischen ihnen und dem Menschen
unübersteigliche Kluft, über welche die Tiere sich auf keine W se
anzunähern vermögen, weil ihnen die Vernunft und deren Ausdr
der Sprache fehlt.

Wenn auch einige Tiere ...sind, wenn andere ihn auch ...übertreffen, wenn
noch andere auch ... geben: 모두 부문으로서 사실의 인용문(비록 … 일지라도)

/jm. ähnlich sein: ~를 닮다 /andere (Tiere)/jn. an (od. in) et.[3] übertreffen:
~보다 ~에 뛰어나다 /auf keine Weise: 결코 …않다 /vermögen …zu 부정형
=können: …할 수 있다 /deren 은 지시대명사 2 격으로서 앞의 die Vernunft 를
지시함.

Das Deutschlandlied

Hoffmann von Fallersleben

Deutschland, Deutschland über alles,
Über alles in der Welt,
Wenn es stets zum Schutz und Trutze
Brüderlich zusammenhält!
Von der Maas bis an die Memel,
Von der Etsch bis an den Belt
Deutschland, Deutschland über alles,
Über alles in der Welt!

Deutsche Frauen, deutsche Treue,
Deutscher Wein una deutscher Sang
Sollen in der Welt behalten
Ihren alten schönen Klang,
Uns zu edler Tat begeistern
Unser ganzes Leben lang.
Deutsche Frauen, deutsche Treue,
Deutscher Wein und deutscher Sang!

Einigkeit und Recht und Freiheit
Für das deutsche Vaterland,
Danach laßt uns alle streben
Brüderlich mit Herz und Hand!

Einigkeit und Recht und Freiheit
Sind des Glückes Unterpfand.
Blüh' im Glanze dieses Glückes,
Blühe, deutsches Vaterland!

독일의 노래

호프만 폰 팔러스레벤

도이칠란트, 도이칠란트
세계에서 제일인 나라
적의 공수(攻守)를 위해서는
언제나 형제처럼 단결하네!
마스강에서 메멜강까지
에취강에서 벨트해협까지
도이칠란트, 도이칠란트
세계에서 제일인 나라

독일의 여인, 독일의 충성심
독일의 포도주와 독일의 노래
전통 있는 그 아름다운 명성은
세계에 길이 빛나리
한평생 우리를
고귀한 행위에로 고무하리
독일의 여인, 독일의 충성심
독일의 포도주와 독일의 노래

조국 독일의
통일과 정의와 자유를 위하여
우리 모두 힘쓰세
몸과 마음을 합하여

통일과 정의와 자유는
행복의 담보이네
이 행복의 광휘속에 번영하라
독일의 조국이여, 번영하라.

Abschritt 10. es 의 용법

* 중성인칭대명사 : Ist das Haus schön? Ja, es ist schön.
* 술어로서
  앞에 나온 ┌Ich bin Student. Du bist es auch.
  명사, 형용사 └Du bist faul, aber ich bin es nicht.
  를 받는다
* 성 · 수에
  관계없이 ┌Es ist mein Bruder (meine Schwester, mein Kind).
  sein 의·주어 └Es sind meine Freunde.
* 자연현상 ┐ ┌Gestern hat es stark geregnet.
  육체현상 │ │ Es hungert mich.
  심리현상 ├─┤ Es träumt mir.
  시   간 │ │ Es ist halb eins.
  날   짜 ┘ └Der wievielte ist heute? Es ist heute der 15.
            ┌Es ist eine schöne Sache um die Freiheit.
* 문법상의 │ 「자유란 아름다운 것이다.」
  주어   │ Es ist aus mit ihm. 「그는 가망이 없다.」
            └Es waren einmal drei Könige.
* zu 또는 daß
  이하를 ┌Es ist nicht leicht, eine fremde Sprache zu lernen.
  받는다 └Es freut mich, daß wir Sie wiedersehen.
* 앞문장의 내용 : Er ist durchgefallen; weißt du es noch nicht?
* 관계문의 ┌Es ist meine Mutter, die mich herzlich liebt.
  의미상의 │ 「나를 진정으로 사랑해 주는 분은 나의 어머니이다.」
  선행사   └Ich bin es, der dich herzlich liebt.
* 행동의 주체가
  불분명할 때 : Es klopft an der Tür. 「노크 소리가 난다.」
               ┌Er hat es weit in der Welt gebracht.
               │ 「그는 이 세상에서 출세했다.」
* 숙어로 쓰이 │ Dieses schöne Haus hat es mir angetan.
  는 목적어   │ 「이 아름다운 집이 나를 매혹시켰다.」
               │ Er hat es gut. 「그는 신분이 좋다.」
               └Er meint es gut mit mir. 「그는 나에게 호감을 가지고 있다.」

● 기억해야 할 재귀동사

1) 4격 재귀대명사만을 취하는 재귀동사

sich⁴ befinden (…상태에) 있다　　　sich⁴ kämmen 머리를 빗다

sich⁴ ereignen 생기다　　　　　　　sich⁴ entschließen 결심하다

sich⁴ setzen 앉다　　　　　　　　　sich⁴ bewegen 움직이다

sich⁴ ändern 변하다　　　　　　　　sich⁴ aufhalten 체류하다

sich⁴ bewegen 움직이다　　　　　　sich⁴ anziehen 옷을 입다

sich⁴ verspäten 지각하다　　　　　　sich⁴ ausziehen 옷을 벗다

sich⁴ erkälten 감기 들다　　　　　　sich⁴ erheben 일어서다

sich⁴ entwickeln 발전하다　　　　　sich⁴ irren 잘못 생각하다

sich⁴ anstrengen 노력하다　　　　　sich⁴ verirren 길을 잃다

sich⁴ begeben 가다　　　　　　　　sich⁴ waschen 목욕하다

sich⁴ beeilen 서두르다　　　　　　　sich⁴ legen 눕다

sich⁴ rasieren 면도하다　　　　　　　sich⁴ zeigen 모습을 나타내다

2) 4격 재귀대명사 외에 2격 보족어를 취하는 재귀동사

sich⁴ et.² bedienen ～을 이용하다　　sich⁴ et.² enthalten ～을 멀리하다

sich⁴ et.² bemächtigen ～을 점령하다　sich⁴ et.² besinnen ～을 생각해 내다

sich⁴ et.² erbarmen ～을 불쌍히　　　sich⁴ et.² schämen ～을 부끄러워하다
　　　　　　　여기다

sich⁴ et.² erinnern ～을 기억하다　　　sich⁴ et.² entsinnen ～을 상기하다

sich⁴ et.² annehmen ～을 돌보다　　　sich⁴ et.² begeben ～을 포기하다

sich⁴ et.² freuen ～을 기뻐하다　　　　sich⁴ et.² erwehren ～을 막다

3) 4격 재귀대명사 외에 3격 보족어를 취하는 재귀동사

sich⁴ et.³ nähern ～에 접근하다　　　sich⁴ et.³ ergeben ～에 몰두하다

sich⁴ et.³ widmen ～에 헌신하다　　　sich⁴ et.³ hingeben ～에 열중하다

sich⁴ et.³ opfern ～에 몸을 바치다　　sich⁴ et.³ entziehen ～을 멀리하다

sich⁴ et.³ widersetzen ～에 반대하다　sich⁴ jm. vertrauen ～에게 마음 속을
　　　　　　　　　　　　　　　　　　　　　　털어 놓다

4) 3격 재귀대명사 외에 4격 보족어를 취하는 재귀동사

sich³ et.⁴ erlauben ～을 감히 하다　　sich³ et.⁴ getrauen 감히 ～을 행하다

sich³ et.⁴ vorstellen ～을 상상하다　　sich³ et.⁴ kaufen ～을 사다

sich³ et.⁴ vornehmen ～을 기도하다　　sich³ et.⁴ erwerben ～을 얻다

sich³ et.⁴ aneignen ～을 획득하다　　sich³ et.⁴ merken ～을 명심하다

sich³ et.⁴ einbilden ～을 상상하다　　sich³ et.⁴ verschaffen ～을 조달하다

sich³ et.⁴ bestellen ～을 주문하다   (sich³ schmeicheln) 자부하다

5) 4격 재귀대명사 외에 전치사를 취하는 재귀동사

sich an et.⁴ erinnern ～을 기억하다

sich nach et. sehnen ～을 동경하다

sich vor et.³ fürchten ～을 두려워하다

sich über et.⁴ freuen (현재·과거의) ～을 기뻐하다

sich auf et.⁴ freuen (미래의) ～을 고대하다

sich an et.³ freuen (현재의) ～을 보고 즐기다

sich mit et. beschäftigen ～에 몰두하다

sich an et.⁴ gewöhnen ～에 익숙해지다

sich nach et. erkundigen ～을 문의하다

sich auf et.⁴ verlassen ～을 믿다

sich mit et. beeilen ～을 서두르다

sich über et.⁴ schämen ～을 부끄러워하다

sich um et. bemühen ～을 얻으려고 애쓰다

sich über et.⁴ besinnen ～을 숙고하다

sich um et. kümmern ～을 걱정하다

sich über et.⁴ kümmern ～을 슬퍼하다

sich vor et.³ hüten ～을 조심하다

sich über et.⁴ ärgern.～에 대하여 성을 내다

sich für et. interessieren ～에 흥미를 가지다

sich über et.⁴ wundern ～에 대해 놀라다

sich mit jm. verheiraten ～와 결혼하다

sich mit jm. verloben ～와 약혼하다

● 재귀대명사의 격변화

	1인칭	2인칭	3인칭 m.	f.	n.	존 칭
2격	meiner	deiner	seiner	ihrer	seiner	Ihrer
3격	mir	dir		sich		sich
4격	mich	dich		sich		sich
2격	unser	euer		ihrer		Ihrer
3격	uns	euch		sich		sich
4격	uns	euch		sich		sich

9 1. Jeder erfahrene Mensch weiß, daß vielen, die im Leben sehr viel Glück hatten, darum das innere Glück nicht beschieden war. Ich habe etwa zwei Dutzend Millionäre gekannt, die Villen, Gärten und Autos besaßen; ein zufriedenes Gemüt besaß keiner von ihnen. Und auch unter jener Gruppe von Menschen, die das andere große Erdengut, das Ansehen bei den Mitmenschen, im Überfluß besitzen, pflegt man wenig innere Frieden zu finden. Die Zufriedenheit eines Menschen, das innere Glück hängt viel stärker von seiner Individualität ab als von dem äußeren Verlauf seines Schicksals.

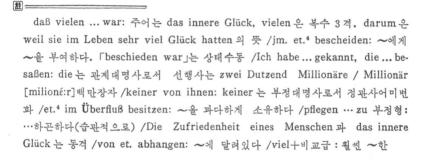

daß vielen ... war: 주어는 das innere Glück, vielen은 복수 3격. darum은 weil sie im Leben sehr viel Glück hatten의 뜻 /jm. et.⁴ bescheiden: ~에게 ~을 부여하다. 「beschieden war」는 상태수동 /Ich habe ... gekannt, die ... besaßen: die는 관계대명사로서 선행사는 zwei Dutzend Millionäre / Millionär [milioné:r]백만장자 /keiner von ihnen: keiner는 부정대명사로서 정관사어미변화 /et.⁴ im Überfluß besitzen: ~을 과다하게 소유하다 /pflegen ··· zu 부정형: ···하곤하다(습관적으로) /Die Zufriedenheit eines Menschen과 das innere Glück는 동격 /von et. abhangen: ~에 달려있다 /viel+비교급 : 훨썬 ~한

9 2. Ich verehre den Menschen, der deutlich weiß, was er will, unablässig vorschreitet, die Mittel zu seinem Zwecke kennt und sie zu ergreifen und zu brauchen weiß. Der größte Teil des Unheils und dessen, was man das Böse in der Welt nennt, entsteht bloß, weil die Menschen zu nachlässig sind, ihre Zwecke recht kennen zu lernen und, wenn sie solche kennen, ernsthaft darauf los zu arbeiten.

Ich verehre den Menschen, der deutlich weiß, was er will, ... vorschreitet, ... kennt und ... weiß: 관계대명사 der의 정동사는 weiß, vorschreitet, kennt, weiß이다. 「was er will」은 바로 앞의 weiß의 목적어 /sie는 die Mittel /wissen ···zu 부정형=können:··· 할 수 있다 /Der größte Teil des Unheils und dessen, was ...: dessen은 지시대명사 das의 2격으로서 관계대명사 was의 선행사 /ihre Zwecke ... zu lernen und ... zu arbeiten의 부정구는 같은 성격의 부사구 /wenn sie solche kennen: solche는 ihre Zwecke를 지시함 /auf et.⁴ los: ~을 향하여

9 3. Begehre nicht, daß die Sachen in der Welt gehen, wie du es willst, sondern wünsche vielmehr, daß alles, was geschieht, so geschehe, wie es geschieht, dann wirst du glücklich sein. In der Welt geht nicht alles so, wie man es wünscht.

Begehre nicht ..., sondern wünsche ...: du 에 대한 명령문. wie du es willst: es 는 앞의 die Sachen in der Welt 를 받음/daß alles, was geschieht, so ge-schehe, wie es geschieht:. alles 는 부문의 주어로서 관계대명사 was 의 선행사, geschehe 는 alles 의 정동사, es 는 앞의 alles 를 받음 /geschehe 는 접속법 I 식으로 기원·원망을 나타내는 요구화법.

9 4. Du mußt schon längst gelernt haben, daß der größte Teil des menschlichen Lebens aus Unglück und getäuschten Hoffnungen besteht. Der Gedanke daran muß uns die Kraft geben, gegen alles stark zu sein, was uns begegnen kann, besonders wenn es nicht durch unsere eigene Schuld geschieht.

Du mußt ... gelernt haben: 시제는 현재이며 gelernt haben 은 과거부정법 /aus et. bestehen: ～으로 구성되다 /Der Gedanke daran: daran 은 앞문장의 daß 이하를 받음 /「gegen ... zu sein」은 die Kraft 의 부가어로 쓰인 부정구 /wenn es ... geschieht: es 는 앞의 alles 를 받음.

9 5. Die Naturwissenschaften beruhen auf der Beobachtung, die uns die Erscheinungen der Natur und deren Zusammenhänge erkennen läßt. Nicht von geistigem Streben getrieben, auch nicht aus bloßer Neugierde hat der Mensch seit alters die ihn umgebende Natur beobachtet, viel-mehr zwangen ihn dazu alle Gefahren, die ihm von Seiten der Natur drohten und je hälter sich dieser Kampf ums Dasein gestaltete, desto mehr mußte der Mensch seine natürlichen Gaben entfalten.

auf et.[3] beruhen: ～에 기초를 두다 /deren 은 지시대명사 복수 2격으로 die Erscheinungen 을 지시함 /nicht ..., vielmehr ...(=nicht ..., sondern...):··· 이 아니고, 오히려 ···이다 /「von geistigem Streben getrieben」은 분사구문 (=weil

der Mensch von geistigem Streben getrieben wurde) /seit alters=von alters
her 옛부터 /die ihn umgebende Natur: ihn umgebend 는 Natur 의 부가어로 쓰
인 관식구 /jn. zu et. zwingen: ~로 하여금 ~하도록 강요하다 /jm. drohen:~
를 위협하다 /je+비교급..., desto+비교급 ... : ···하면 할수록 더욱더 ···하다 /der
Kampf ums Dasein: 생존경쟁 /sich⁴ gestalten: ~형태로 되다

96. In einem Dorfe brach ein Feuer aus. Viele Haüser waren
schon abgebrannt; endlich ergriff die Flamme auch ein Dach, auf
welchem Störche ihr Nest hatten. Der alte Storch wollte seine Kinder,
die noch nicht fliegen konnten, vor dem Feuer retten. Sie waren jedoch
für ihn zu schwer; er versuchte es vergebens, sie mit dem Schnabel
fortzutragen. Die Flammen kamen aber immer näher und zündeten
das Nest schon an. Da ließ sich der Storch auf seine Kinder nieder,
bedeckte sie mit seinen Flügeln und verbrannte mit ihnen zu Asche.

🐣━━━━━━━━━━━━━━━

    auf welchem Störche ... hatten: welchem 은 관계대명사이며, 선행사는 ein
Dach / jn. vor dem Feuer retten: ~를 불에서 구해내다 /für ihn=ihm /er
versuchte es vergebens, ... fortzutragen: es 는 fortzutragen 을 받음 /ver-
gebens=vergeblich=umsonst: 헛되이 /immer+비교급=비교급 und 비교급 :
점점 ~ 한 / et.⁴ anzünden: ~에 점화하다 /sich⁴ niederlassen: 내려앉다(새가)/
verbrannte zu Asche: 불에타서 재가 되었다.

97. Selbst wenn eines Tages noch einmal ein Weltkrieg ausbrechen
sollte, würden die feindlichen Flugzeuge nie wieder Bomben auf diese
kleine Stadt abwerfen, doch müssen wir uns schon auf den Tod vor-
bereiten, denn bald mag die Zeit kommen, wo die Maschine vollständig
das menschliche Gehirn ersetzt. Nämlich durch Technik hat sich der
Mensch entwickelt, aber jetzt richtet sie ihn zugrunde.

🐣━━━━━━━━━━━━━━━

    selbst wenn ...접속법 Ⅱ식=auch wenn ...접속법 Ⅱ식=und wenn ...접속법 Ⅱ
식 : 가령 ···라 하더라도, 비록 ···일지라도(가정의 인용) /eines Tages: 어느날 /
würden ... abwerfen: 부문이 가정의 인용이므로 주문 역시 가정적 결론의 형식/
sich⁴ auf et.⁴ vorbereiten: ~을 준비 (각오) 하다 /die Zeit ..., wo ...: wo 는 관
계부사로서 시간과 장소를 선행사로 가진다 /aber jetzt richtet sie ihn zugrun-

de: sie 는 Technik 를 받음 / zugrunde richten: 파멸시키다

98. Uralt ist die Verehrung des Feuers durch die Menschheit. Man glaubte, daß ein Gott in den Flammen wohne, dessen Gnade man durch Opfer und Anbetung zu gewinnen hoffte. Vor allem war es Dankbarkeit, das die Völker der Urzeit vielfach zur göttlichen Verehrung des Feuers trieb. Unschätzbar ist das Gute, was das Feuer der Menschheit gebracht hat. Ohne Feuer gäbe es keine Kultur. Zwar haben wir heutigen Menschen die heilige Scheu vor dem Feuer längst verloren, aber wir werden es nie entbehren können. Es ist unser Freund und Helfer in vielfacher Hinsicht geworden.

註═══════════════════════

dessen Gnade: dessen 은 관계대명사 2 격으로 선행사는 ein Gott /Vor allem war es Dankbarkeit, das ... trieb: vor allem 무엇보다도, es 는 관계대명사 das 의 의미상의 선행사, Dankbarkeit 는 실재상의 선행사 /zu et. treiben: ∼하도록 몰아대다 /das Gute: 형용사의 중성명사화로서 관계대명사 was의 선행사 /es gibt ＋4 격 : ∼이 있다. gäbe es 는 접속법 Ⅱ식의현재, keine Kultur 는 4 격 /zwar..., aber...: 사실 …하나 그러나 /wir 와 heutige(n) Menschen 은 동격/die heilige Scheu: 외구(畏懼) /in vielfacher Hinsicht: 여러가지 점에 있어서

99. In die ferne Urzeit, da es noch keine Menschen, ja noch nicht einmal die Erde gab, dringt keine Erinnerung zurück. Der forschende Geist aber ist nie damit zufrieden gewesen, daß es Dinge gibt, die er nicht in Erfahrung bringen kann. Er hat immer neue Wege eingeschlagen, um das Ziel zu erreichen, und so verschieden wie die Zeiten und die Völker waren auch die Antworten, die ihm auf seine Fragen gegeben wurden. Wo aber der Verstand auch heute noch vor vielen Rätseln steht, hat die aus dem Denken des Volkes hervorgegangene Überlieferung die Lösung gefunden. So berichtet uns die Sage, wie die Welt entstanden ist und woher die Wesen stammen, die in der Welt leben.

註═══════════════════════

In die ferne Urzeit, da es ... gab: da (＝wo)는 관계부사, es gab ＋ keine

Menschen (Pl. 4격) /nicht einmal: 결코 …않다 /mit et. zufrieden sein:～으로
만족하다. damit 는 daß 이하를 받음 /daß es Dinge gibt: Dinge 는 복수 4격 /in
Erfahrung bringen: 알다, 듣고알다 /einen Weg einschlagen: 어떤 길로 나아가
다 /das Ziel⁴ erreichen=zum Ziel gelangen: 목적을 달성하다 /so … wie …: …
와 똑같이 /Wo aber … steht: wo (=im Fall, daß…, wenn…): …한 경우에는,
만약 … 하면 /die aus dem Denken des Volkes hervorgegangene Überlieferung:
aus dem Denken des Volkes hervorgegangen 은 Überlieferung 의 부가어로
쓰인 관식구 /die Überlieferung=die Sage: 전설 /jm. et.⁴ berichten: ～에게 ～
을 보고 하다. wie 이하는 berichten 의 목적어.

100. „Rom ist nicht in einem Tage erbaut worden." Damit ent-
schuldigen sich viele Menschen, welche ihr Geschäft nicht treiben und
vollenden mögen und schon müde sind, ehe sie recht anfangen. Mit
Rom ist es aber eigentlich so zugegangen: Es haben viele fleißige
Hände viele Tage lang vom frühen Morgen bis zum späten Abend emsig
daran gearbeitet und nicht abgelassen, bis es fertig war. So ist Rom
entstanden. Was du zu tun hast, mach's auch so!

---

ist … erbaut worden: 현재완료수동 /in einem Tage=im Laufe von einem
Tage /damit=mit diesen Worten /sich⁴ entschuldigen: 변명하다 /mögen 은
wollen 과 같은 뜻으로 쓰였음 /ehe=bevor「～하기 전에」는 종속접속사 /Mit Rom
ist es … so zugegangen: 「es … mit+3격」, 「es … um+4격」일 때 mit 와 um 이
하가 의미상의 주어 /es haben … gearbeitet und nicht abgelassen: Es 는 문법상
의 주어, viele fleißige Hände 는 의미상의 주어(실재상의 주어) /daran=an dem
Aufbau Roms /zu tun haben=tun müssen /mach's=mache es. mach's 는 du
에 대한 명령이고, es 는 was du zu tun hast 를 받음.

● zu 부정형으로 구성된 어구(語句)

* 「anfangen … zu 부정형」: …하기 시작하다
  「beginnen … zu 부정형」:
* 「im Begriff sein, … zu 부정형」 …할 참이다
* 「in der Lage sein, … zu 부정형」 …할 상태에 있다
* 「bekommen … zu 부정형」 …하게 되다
* 「brauchen … zu 부정형」 …할 필요가 있다
* 「brauchen+nur+zu 부정형」: …하기만 하면 된다
* 「fähig sein, … zu 부정형」: …할 능력이 있다
* 「geneigt sein, … zu 부정형」: …할 경향이 있다
* 「glauben … zu 부정형」: …한다고 믿는다
* 「haben … zu 부정형」: …해야한다「능동의 필연」
* 「kommen … zu 부정형」: 우연히 …하게 되다
* 「pflegen … zu 부정형」: …하곤하다
* 「scheinen … zu 부정형」: …같이 보이다
* 「sein … zu 부정형」: …될 수 있다「수동의 가능」, 되어야 한다「수동의 필연」
* 「nicht umhin können, … zu 부정형」: …하지 않을 수 없다
* 「versuchen … zu 부정형」: …할려고 애쓰다
* 「wissen … zu 부정형」: …할 수 있다
  「vermögen … zu 부정형」:
  「verstehen … zu 부정형」:
  「imstande sein, … zu 부정형」:
* 「drohen … zu 부정형」: …할 것 같다
* 「gedenken … zu 부정형」: …할 생각(작정)이다
* 「(an)statt … zu 부정형」: …하는 대신에
* 「ohne … zu 부정형」: …하지 않고
* 「um … zu 부정형」: …하기 위하여
* 「zu …, um … zu 부정형」: …하기에는 너무나 … 하다

● ja, nein, doch 의 용법

① 긍정의문에 대한 긍정적인 대답에는 ja 를 쓴다.
② 긍정의문에 대한 부정적인 대답에는 nein 을 쓴다.
③ 부정의문에 대한 긍정적인 대답에는 doch 를 쓴다.
④ 부정의문에 대한 부정적인 대답에는 nein 을 쓴다.

① Hast du ein Buch? Ja, ich habe ein Buch.

② Hast du ein Buch? Nein, ich habe kein Buch.
③ Hast du kein Buch? Doch, ich habe viele Bücher.
④ Hast du kein Buch? Nein, ich habe kein Buch.

① Kennst du mich? Ja, ich kenne dich wohl.
② Kennst du mich? Nein, ich kenne dich nicht.
③ Kennst du mich nicht? Doch, ich kenne dich wohl.
④ Kennst du mich nicht? Nein, ich kenne dich nicht.

● her 와 hin 의 용법

her 는 화자(話者)에 접근하는 것을 의미하고, hin 은 화자에게서 멀어져가는 것을 의미한다. her 「이쪽으로」와 hin 「저쪽으로」는 부사나 전치사와 복합되어 쓰이는 일이 많다.

　　z. B: Kommen Sie **hierher!** 이곳으로 오시오.
　　　　　Gehen Sie **dorthin!** 그곳으로 가시오.
　　　　　Kommen Sie **herein!** 들어오시오.
　　　　　Gehen Sie **hinein!** 들어가시오.

● nicht 의 위치

1) 문장 전체를 부정할 때는 문미에 위치
　　Er kommt immer **nicht.**　　　　Er kommt heute **nicht.**
2) 문장의 일부분을 부정할 때는 부정하는 낱말 앞에 위치
　　Er kommt **nicht** immer.　　　　Er kommt **nicht** heute.
문장 전체 부정이라도 문미에 위치하지 못하는 경우는 다음과 같다.
　　ⓐ 과거분사가 문미에 있을 때
　　ⓑ 부정형이 문미에 있을 때
　　ⓒ 분리 전철이 분리되어 문미에 있을 때
　　ⓓ 부문장일 때
　　ⓔ 술어가 형용사 또는 명사일 때
　　　ⓐ Ich habe das Mädchen **nicht** geliebt.
　　　ⓑ Er wird heute **nicht** zurückkommen.
　　　ⓒ Sie kam gestern **nicht** zurück.
　　　ⓓ Ich weiß, daß sie dich **nicht** liebt.
　　　ⓔ Das Kind ist seinem Vater **nicht** ähnlich.
　　　　Sie ist **nicht** meine Mutter.

Zweiter Teil
Deutschland kennenlernen

Deutschland kennenlernen ----------

1. 독일 민족의 역사

독일의 여러 부족

역사적으로 독일은 하나의 국가를 형성하기 위해 길고도 먼 길을 밟아 왔다.

'게르마니아(Germania)'는 원래 지역적으로나 역사적으로 로마인들이 라인강과 엘베강 그리고 다뉴브강 사이에 위치한 지역을 일컫어 부른 말이었는데 그 지역의 북부에는 독일어를 쓰는 작센족과 프리젠족, 서쪽에는 프랑크족, 중부에는 튀링엔족 그리고 남쪽으로는 슈바벤족과 알레만족 그리고 바바리안족이 살고 있었다. 이러한 부족의 구성은 오늘날의 독일 연방을 이루고 있는 여러 주에 아직도 남아 있다.

▲ *Karl der Große*
(747~814)

프랑크족의 카알 대제가 기독교의 깃발 아래 이 부족들을 통합하여 대제국을 이루었으며 이후 서기 800년, 교황에 의해 황제의 승인을 받음으로써 서로마 제국의 황제를 대신하여 알프스 북쪽에 재건된 신생 제국을 통치하게 되었다. 그의 통치하에 이 거대한 영토는 두 부분으로 나뉘게 되는데, 하나는 오늘날의 프랑스인 서프랑크이고 또 하나는 오늘날의 독일인 동프랑크이다. 오토 대제(936~973)로 알려진 오토 1세의 통치하에 동프랑크는 거대한 국가가 되어 15세기 이후로는 독일 신성로마제국이라 불리었다. 하나로 통합된 이 국가 구성체제는 이후 중부 유럽의 각국에 전파되었다.

신성로마제국은 약 1250년경까지 전성기를 구가하였으며 그 시기는 기사도 문화의 황금기로 여겨지고 있다.

국가의 분열과 종교전쟁

중세 후기에는 지역의 분열현상이 가속화되어 점점 많은 수의 개별 군주들이 제각기 권력을 손에 쥐게 되었다. 그러나 자유시들은 특별히 자치제로 운영되었고 오로지 황제에게만 귀속되어 있었다. 이 시기는 시민들과 독립적인 상인들 그리고 은행가들의 시대였다.

한자동맹에 소속한 무역상사들은 때로 왕보다도 더 큰 권력을 행사하였다. 이렇게 아주 다양한 세력들이 서로 어울려 풍분한 문화유산을 형성하였는데 이러한 문화유산은 대부분 위대한 예술품으로 가득 꾸며진 성당과 수도원, 수도회, 궁정과 대저택 등의 모습으로 남아 있다.

16세기와 17세기는 종교분쟁이 일어난 시기이다. 1517년, 마르틴 루터의 「95개조의 의견서」에 의해 시작된 종교개혁으로 독일은 교파별로 나뉘게 되는데 이렇게 나뉘어진 영토 분할은 아우크스부르크 종교 강화조약에 반영되었다. "지배자의 신앙이 지배지의 신앙이다"(cuius regio, eius religio)라는 원칙에 의해 각 지역에 사는 주민들은 그들 군주의 종교에 따라 카톨릭이나 개신교 둘 중 하나를 믿게 되었다. 그 결과 오늘날의 북부 및 중부 독일은 대부분 개신교 지역이고 남부는 카톨릭 신도들이 주종을 이루고 있다. 사회적·경제적인 긴장관계와 더불어 이러한 종교의 분열은 결국 1618년에 30년 전쟁을 불러일으키게 되었다.

약소국으로 전락한 독일

종교적 분열에 해답을 제공하기는 커녕 30년 전쟁은 독일 제국을 주변 강대국들의 손아귀에 들어가게 만들었다. 1648년의 베스트팔렌 강화조약 이후 독일 신성로마제국에는 무려 350개의 개별 국가들이 들어서게 되었다.

독일이 끔찍스러운 전쟁의 폐허로부터 일어서는 데는 꼬박 1세기가 걸렸다. 절대권력을 휘두르는 군주들과 제국 도시들은 이제 자유롭게 다른 나라와 개별적인 동맹을 맺을 수 있게 되었고 군주들의 득세로 제국은 제국으로서의 힘을 상실하게 되었다. 그러나 중세 말기에 이르러 중앙정부의 정치적 허약성은 대대적인 문화의 부흥기를 가져다 주었다. 루터가 번역한 성경이 구텐베르크의 인쇄술 발명으로 널리 전파됨으로써 독일은 표현력이 풍부한 문학적인 언어를 갖게 되었다. 또한 철학과 시, 건축 및 음악이 이 시기에 전례없는 전성기를 구가하였다.

프러시아의 융성

17세기 중엽부터 프러시아는 점점 그 영향력이 확대되었다. 황제 선출권이 있는 브란덴부르크의 프리드리히 빌헬름 군주의 통치하에 프러시아는 북부 독일에서 가장 강력한 나라로 발전하였으며 프리드리히 2세(프리드리히 대제) 때에는 7년 전쟁에서 프랑스와 러시아, 오스트리아의 3국 동맹에 맞서 나라를 지킬 수 있을 정도로 유럽의 주요 강대국으로 부상하였다.

1763년 프리드리히 대제가 오스트리아를 물리침으로써 제국은 합스부르크와 프러시아의 양대 세력으로 나뉘게 된다. 프러시아는 유럽의 주요 강대국으로서 영국, 프랑스, 오스트리아, 러시아와 같은 서열에 오르게 되었다.

그러나 이와 같은 독일제국의 질서는 나폴레옹의

▲ *Friedrich Ⅱ.(der Große)*
(1712~1786)

침공으로 다시 변화를 겪게 된다. 작은 규모의 나라들이 난립하는 대신 그보다 큰 규모의 나라들이 등장하게 되었고 시대에 뒤떨어진 제국의 영토 분할은 종말을 고하게 되었다.

1806년 힘을 키운 남부 독일국가들이 그들의 주권을 선언하자 황제 프란츠 2세는 왕권을 포기하기로 결정하였고, 이로써 독일 신성로마제국이 막을 내리게 된다. 그 해 나폴레옹이 프러시아를 정복하였고, 이것은 대대적인 정치적·사회적 변혁을 가져왔다.

1813년, 프러시아는 러시아군과 연합하여 1814년에 결국 나폴레옹을 패배로 이끈 해방전쟁에 가담하였다. 여기에 연루된 다양한 계층의 사람들에게 이 전쟁은 자유 쟁취를 위한 행위라는 인식이 널리 확산되었고, 이것은 새로운 독일의 형성에도 커다란 의미를 부여하였다. 이때부터 독일 전역에 걸쳐 하나로 통합된 독일을 요구하는 목소리가 드높아졌다.

프러시아와 오스트리아 두 나라는 모두 빈(Wien) 회의 이후 힘있는 세력으로 부상하였다. 그러나 39개의 독일국가들과 제국 도시들이 빈에 모여 탄생시킨 독일연맹은 결코 연맹이라고 말할 수 없는 무기력한 공동체에 불과하였다. 의회 정부제도를 만들어 보려고 1848년 프랑크푸르트에서 시도되었던 독일 전국의회는 실패로 끝났다.

제 2 독일제국

▲ *Otto von Bismarck(1815~1898)*

그 후 20년이 지나서 프러시아의 수상이었던 비스마르크는 오스트리아와 프러시아의 이원체제를 종식시켰다.

1866년 독일연맹에서 이탈한 프러시아는 쾨니히그래츠 전투에서 오스트리아를 패배시켰으며 프라하 강화조약을 체결하여 북부와 서부에 있는 다수의 독일 국가들을 병합하였다. 이로써 독일연맹은 이제 오스트리아를 제외시키고 북부 독일연맹으로 대체되었으며 남부의 국가들과 조약을 체결하였다. 이것이 제국을 다시 세우기 위해 내디딘 첫 번째 발걸음이었다.

1870년에 벌어졌던 프랑스-프러시아전에서 남부의 독일국가들은 연합하여 프러시아와 북부 독일연맹과 힘을 합쳤고 승리를 거둔 이들은 독일 통일문제를 놓고 비스마르크와 협상에 들어갔다.

1871년 1월 18일 프러시아의 왕 빌헬름 1세가 독일의 황제임을 선언함으로써 독일은 통합되었다. 이 제2 독일제국은 1871년에서 1918년까지 지속되었다.

비스마르크가 권력을 잡고 있는 동안 유럽은 복잡한 연맹체제 속에서 그런 대로 평화를 유지하였다. 그러나 1890년 그가 물러난 후, 개인의 의사에 크게 좌우되었던 빌헬름 2세의 통치는 독일 주변국들의 우려를 진정시키기에는 역부족이었다. 주변국들은 단지 40년 동안에 4천 백만에서 6천 백만으로 불어난 인구의 폭발적 증가와 산업의 놀라운 성장에 위협을 느꼈다. 이러한 힘의 불균형이 결국은 제1차 세계대전의 원인이 되었으며 그 전쟁은 1918년 독일의 패배로 끝나면서 공화국이 선포되었다.

바이마르 공화국

독일의 첫 번째 의회제 공화국은 정치와 경제의 불안정으로 시달렸다. 1919년 바이마르에서 설립된 그 연맹은 설립 초창기부터 전쟁 피해 보상금과 인플레이션, 경제적인 위기와 대량 실업 등의 부담을 지고 있었다.

많은 정당들이 난립하여 끊임없이 정부를 바꾸고 좌익과 우익 급진파들 간의 심한 논쟁으로 국가의 권위는 땅에 떨어졌다. 내부적으로 쇠약하고 분열을 겪고 있었으나, 이 시기에는 독일의 미술, 음악, 과학, 철학과 사상이 크게 발달하여 몇 년만에 다시 세계적인 권위를 되찾게 되었다.

1929년 독일공화국은 마침내 세계적인 경제공황에 휩쓸리게 되고 그로 인해 나라는 극도의 혼란에 빠지게 되었다. 1032년에 실업자 수는 6백만 명에 달했고 극단적인 사상과 예측할 수 없는 불안한 사회는 히틀러와 나치가 1933년 권력을 잡을 수 있는 길을 열어 주었다.

독재정치와 제 2 차 세계대전

히틀러는 민주적인 공화국을 테러와 폭력에 기초한 독재국가로 만들어 버렸다. 모든 정적들은 제거되었고 전체주의 경찰국가가 탄생되어 어떤 형태의 저항도 잔인하게 억압되었다. 독일과 전쟁중 점령국가에 살던 유태인들의 권리는 완전히 박탈되었고 나중에는 그들의 육체적 말살도 불사하였다. 법은 자취를 감추었고 국수주의적인 과대망상이 독일을 지배하였다.

철저하게 무장된 독일은 유럽 정복에 온 힘을 기울였다. 독일은 오스트리아와 체코슬로바키아를 합병시킨 후 폴란드를 공격함으로써 제2차 세계대전을 일으켰다. 그러나 그 정권에 의해 자행되었던 테러와 시대역행적인 군의 행동은 독일 내에 히틀러의 저항세력을 강화시켰으며 그 저항운동은 사회 모든 계층의 지지를 받았다. 군장교들이 주축이 되어 일으켰던 1944년 7월 20일의 봉기는 실패로 끝났다. 사령본부에 대한 폭격에서 살아남은 히틀러는 피비린내나는 복수를 펼쳤다. 그 후 4개월 동안 저항운동에 관여되었던 4천 명이 넘는 사람들이 처형되었다.

전쟁 시작 후 3년 동안은 아무도 히틀러의 승승장구를 막을 수 없을 것같이 보였으나 마침내 연합군은 그를 격퇴시켰다. 1945년, 철저한 독일의 패배로 전쟁은 끝났다.

1945년 제2차 세계대전 종결과 함께 히틀러가 이끄는 나치스·독일의 '제3제국'이 붕괴하고, 독일은 연합 4개국에 분할 점령되었다.

통일된 독일

2차 대전 후 40년이 넘도록 유럽을 분단시킨 '철의 장막'은 독일 한가운데를 관통하면서 나라를 둘로 갈라 놓았다. 영국과 미국 그리고 프랑스가 점령한 서부의 세 지역은 독일연방공화국(서독)이 되었고, 반면 소련의 점령하에 있던 동부도 같은 해에 독일민주공화국(동독)이 되어 점점 서방으로부터 고립되어 갔다.

예전의 수도 베를린도 세 연합국 관리 하에 있었던 서베를린과 동베를린의 둘로 나뉘어, 각각 서독의 특별주와 동독의 수도가 되었다. 수많은 시민이 서방으로 탈주하는 것에 위기를 느낀 동독이 1960년 두 독일 국경 사이에 '베를린 장벽'을 쌓아 올렸으며 지뢰가 깔린 가시 철조망으로 된 이 '죽음의 담'을 넘는 것은 거의 불가능하게 되었다.

1961년 전까지만 해도 서방으로 넘어오려던 사람들 중 10명만이 목숨을 잃었던 데 비해 배를린 장벽이 생긴 1961년부터 1989년 사이에는 111명의 사상자가 발생하였다. 그러나 재통일을 기본 이념으로 삼고 있던 양 독일은 1969년 브란트 수상이 동독 진영에 대하여 적극적인 동방정책을 추진, 1972년에는 동독과 기본 조약을 체결하여 양국을 '하나의 국가'로 간주하게 되고 양국의 평화적인 병존 관계의 방향이 명확하게 세워졌다.

그로부터 경제 대국으로서 국제적으로 중요한 지위를 차지하게 된 서독과 소련식 계획경제·농업 집단화로부터 공업국을 향하여 성장한 동독과의 사이에 경제, 학술, 스포츠 등의 분야에서 교류와 협력이 진척되어 사람들의 왕래 규제도 완화되었다.

그런데 동구에서 비롯된 일련의 민주화를 추구하는 물결은 동독에도 밀려와 수만 명의 동독 주민들이 헝가리를 거쳐 서독으로 넘어왔고 프라하와 바르샤바 주재 서독 대사관에 피신한 동독인들은 그들이 서독으로 이주할 수 있도록 허락해 줄 것을 당국에 호소하였다. 수많은 동독 도시에서는 정부의 탄압에 맞서 자유를 쟁취하기 위해 수만 명이 시위를 벌였고 마침내 1989년 11월 9일 밤 동독 정부는 베를린 장벽과 양독 간의 국경을 개방하기로 결정하였다.

1990년 3월 18일, 동독에서는 최초의 자유 선거가 치루어졌다. 8월 23일 새로 선출된 인민의회의 대표자들은 동독이 독일연방공화국과 하나가 될 것을 결정하였다. 그리고 9월 20

일, 두 독일의 의회는 각각의 정부가 체결한 통일 협정을 승인하였다. 1990년 10월 3일, 독일은 하나의 국가가 되었으며 독일민주공화국은 역사에서 사라졌다.

독일사의 연대표

375	게르만 민족의 대이동 개시	1740	프러시아의 프리드리히 2세(대왕)
6세기	프랑크족의 국왕 대두		즉위, 계몽 전제 군주
751	프랑크 왕국에 카롤링 왕조	1756	7년 전쟁(~63)/프러시아 강국화
800	카알 대제, 로마 교황으로부터 대관	1806	신성로마제국 해체
843	대제 사후, 프랑크 왕국 셋으로 분리	1814	빈 회의 (~15)
870	메르센 조약, 동프랑크, 서프랑크,	1870	보불전쟁(~71)
	이탈리아의 기원	1871	빌헤름 1세, 독일 황제 즉위,
962	동프랑크의 오토 1세, 신성로마제		독일제국 성립(~1918)
	국 황제 즉위	1914	제1차 세계대전 발발(~18)
1096	제1회 십자군/원격지 상업의 융성	1919	베르사이유 조약, 바이마르 헌법
	과 중세 도시의 발전	1933	나치스 정권 성립, 국제 연맹 탈퇴
1254	대공위 시대(~73)/국내 혼란	1939	제2차 세계대전 발발(~45)
1356	금인칙서 7선 제후와 지방 주의	1949	동서 독일 발족
1517	루터에 의한 종교개혁 개시	1989	동독에서 민주화, 베를린 장벽 붕괴
1618	30년 전쟁(~48)/국내 황폐	1990	동서 양독 통일

Deutschland kennenlernen ------------------------------

2. 독일 연방 공화국의 형성 과정

독일 어디서든지 우리는 2,000년 역사의 자취를 만나볼 수 있다. 독일은 처음부터 연방주의 국가였으며 이웃 나라들에서 흔히 볼 수 있는 중앙집권적인 국가형태는 역사적으로 한 번도 제대로 성공한 적이 없는 나라이다. 이를테면 지금까지도 그 영향이 남아 있는 프랑켄, 작센, 슈바벤, 바이에른이니 하는 게르만 부족들의 공동체로 시작했다. 그러다가 로마인들이 독일지방을 자신들의 제국판도에 편입시켰다.

로마제국이 멸망하자 약 천 년 전에 황제가 지배하고 여러 영주와 제후들의 연합으로 이루어진 '독일민족의 신성로마제국'이 건국되었다. 그러나 이 제국 안에서 여러 왕, 영주들은 끊임없이 이합집산을 거듭하여, 한 때는 아주 작은 규모까지 합쳐 350개에 이르는 왕국과 공국들이 난립하는 지경에까지 이르렀다.

신성로마제국은 프랑스 혁명의 영향과 나폴레옹 전쟁의 결과로 1860년 종말을 고하게 되고 독일 또한 19세기 유럽의 새로운 정치질서에 걸맞는 변화를 겪은 다음 1872년 프로이센 왕국을 중심으로 25개의 왕국, 공국들이 합쳐져 독일제국을 이루게 되었다. 그러나 제1차 세계대전이 끝나자 독일제국 또한 패망하고 독일공화국이 세워졌던 것이다.

제2차 세계대전의 결과 독일은 분단되고 열한 개의 주들로 이루어진 서독, 즉 독일연방공화국과 다섯 개의 주들로 이루어진 동독, 즉 독일민주공화국 두 나라로 갈라지게 되었다.

1990년 독일은 동독 지역의 다섯 주가 서독 연방에 편입되는 형식으로 다시금 통일되어 16개의 주로 이루어진 연방공화국이 되었다.

이러한 연방주의적인 역사전통은 오늘날까지 여러 개의 다양한 문화중심을 갖게 되는 바탕이 되었다. 여러 영주며 귀족, 왕, 황제들은 나라 전역에 수도를 정하고 궁전들을 짓곤 했던 것이다.

우리들은 이런 독일 역사를 직접 접할 수 있다. 모든 역사적 시기에 이루어진 건축물들이 잘 보존되어 있고, 로마 시대의 유적부터 제국시대의 교회, 수도원, 첨탑들, 중세의 성들, 시민시대의 시가지, 바로크 시대의 성이며 정원이 그것들이다. 또 밖에서는 볼 수 없는 숱한 유물, 보물들은 성이나 교회 안에 자리잡은 박물관에 전시되어 있다.

3. 독일 문화사

로마인과 카롤링 왕조 르네상스(기원전 1세기~10세기)

독일 최초의 문명은 로마인들에 의해 창조되었으며 문화의 중심지는 쾰른, 트리어, 마인츠, 아우크스부르크, 레겐스부르크 등이었다. 현재까지 남아 있는 역사 유적물로는 트리어의 포르타 니그라와 쾰른의 디오니소스 모자이크를 예로 들 수 있다.

독일의 문화는 카알 대제 시대에 이르러 비로소 발전하기 시작했다. 카롤링 왕조 르네상스(서기 800~950)로 알려져 있는 이 시기는 고전시대와 고대 기독교의 전통을 통합시킨 것으로 고대 게르만의 유산을 몰아냈다.

수도원과 성당의 학교에서는 학문의 전성기를, 수도원 작업실에서는 책장정, 상아조각, 금세공 등을 포함한 예술의 전성기를 구가하였다.

아헨에 있는 팔츠 경당(經堂)은 카롤링 왕조 시기의 우수한 건축물에 속하며, 문학 영역에 있어서는 고대 독일어의 대담한 언어학적 기념물인 종교 서사시 「구세주」가 눈에 띄는데 이 시는 게르만 시기의 고대 영웅시를 훨씬 능가하는 작품이다.

대성당들의 건조(10세기~15세기)

중세 초기와 후기는 예술사에 있어 로마네스크(1000~1250)와 고딕양식 시기(1250~1500)로 알려져 있다. 로마네스크 시기는 그 당시를 지배하던 다양한 왕조에 의거하여 세분될 수 있다. 색슨족 왕들이 통치하였던 시기(10세기 후반에서 11세기 초까지)인 '오토 대제 시기의 예술'은 로마네스크의 초기 형태로, 힐데스하임에 있는 성 미하엘 교회가 그 건축양식의 표본이다.

슈파이어에 있는 제국 대성당과 마리아 라하 수도원 성당은 잘리어족 황제들의 통치 시기 (11세기 중반에서 12세기 중반)에 세워졌다. 독일 로마네스크 양식은 보름스, 림부르크, 밤베르크와 나움베르크에 성당을 건립하면서 호엔슈타우펜 왕조(12세기 중반에서 13세기 중반) 때 최고조에 달했으며 이 때 조각작품이 건축물과 분리되어 독자적인 영역을 갖게 되었다. 이 시기의 명작으로 밤베르크에 있는 「기수」와 나움베르크의 「에케하르트와 우테의 상」이 있다.

고딕 건축양식은 프랑스에서 시작되었으며 초기에는 매우 느리게 전파되었다. 1248년에 쾰른 성당을 세움으로써 고딕 양식은 절정기를 구가하였다. 후에 프라이부르크와 울름의 성당과 레겐스부르크 성당을 건축하여 다시 절정기를 맞이하였다. 독특한 독일적 형태는 남부 독일에서는 14세기와 15세기의 '독일 교회당'을, 북부 독일에서는 '벽돌 고딕양식'을 개발하였다.

후기 고딕 패널화는 특히 라인란트 및 베스트팔렌주에서 발전하였다. 조상(彫像)은 프랑소냐에서 특히, 바이트 슈토스와 틸만 리맨슈나이더가 제작한 제단에서 예술적으로 정점에 도달했다.

중세 문학은 초기에는 성직자들에 의해 지배되었으며 뒤늦게야 평신도들의 작품도 이 범주에 포함되었다. 그 사이 약 1200년은 궁전 서사시, 영웅 서사시(특히 「리벨룽겐의 노래」)와 무엇보다도 독일 음유시인의 거장인 프겔바이데의 시(詩) 등을 포함한 기사도 서사시의 시기였다.

종교개혁에서 계몽주의까지(16세기~18세기)

근세는 심층에까지 미치는 종교적·사회적 변혁과 더불어 시작된다. 종교개혁은 사실상 일종의 혁명이었다. 마르틴 루터의 성서번역은 근세 문어체 독일어의 기초를 놓았으며 이 새로운 언어를 창(唱)의 대가 한스 작스가 자신의 희극에서 사용하였다.

독일 음악은 바로크 시기에 점차 발달하여 그 정점에 달했다. 이를 위한 토대는 16세기와 17세기의 북부 독일 오르간파에 의해 마련되었다. 이 시기에 위대한 작곡가 3인—바하, 헨델, 델레만—은 독특한 고유의 표현 양식을 개발하였다.

독일 계몽운동(1680~1780)은 중요한 세 명의 사상가를 배출하였다. 철학자 라이프니츠와 칸트가 이성과 종교를 종합하기 위해 노력한 반면에 레싱은 사회에 이성과 관용을 가르치기를 원했다.

괴테 시대(18세기와 19세기)

독일의 위대한 작가 요한 볼프강 폰 괴테(1749~1832)는 시인이
며 극작가(파우스트), 소설가(베르테르의 슬픔, 빌헬름 마이스터),
과학자(색채 이론), 정부 장관이었으며 또한 극장감독이었다. 그의
생애와 작품은 여러 시기에 걸쳐 있다. 청년시절에는 민속시와 자
연시의 창시자였던 요한 고트프리트 헤르더의 영향을 받았다. 질풍
노도의 문학풍조에 몰입했었으나 이태리 여행기간(1786~1788)에
괴테는 고전주의를 발견하였으며 자유옹호자이면서 시인이며 극작

▲ *Goethe*

가인 프리드리히 폰 쉴러와 유사한 사상을 갖게 되었다. 또한 그는 세 명의 개인주의자들－소
설가 장 폴, 서정시인 프리드리히 횔더린, 비극작가 하인리히 폰 클라이스트－의 반고전주의
도 경험하였으며 낭만주의가 싹트는 것도 경험하였다.

낭만주의의 '무한성에 대한 열망'은 노발리스, 호프만, 요셉 폰 아이헨도르프와 클레멘스 브
렌타노의 문학작품에 표현되어 있다. 독일 음악의 세계 전반에 걸친 영향력은 베토벤이 하이
든과 모차르트의 빈 고전주의를 완성시키면서 두 번째 절정기를 맞이하게 되었다. 낭만주의
역시 베버의 오페라와 슈베르트, 슈만의 가곡, 그리고 브람스의 교향곡 등에 잘 나타나 있다.

항상 새로운 시작(20세기)

제1차 세계대전 이후의 10년간은 예술에 있어서 '황금의 20년대'였다. 인상주의 시인들은
이상적인 '신인간'을 추구하였으며 예술가 단체인 「다리」와 「푸른 기수」는 매우 활력이 넘치는
새로운 형태를 개발하였고 바우하우스는 건축의 주도 아래 구조기능주의에 입각하여 모든 미
술이 일체를 이룰 것을 요구하였다.

베르톨트 브레히트는 자신의 연극으로 부르조아지에 충격을 가했으며 그에 의해 영화 역시
새로운 예술형식이 되었다. 그러나 나치 정권이 모든 예술 분야에 복종을 요구하여 대부분의
예술가들이 작품활동을 포기하거나 망명할 수밖에 없었기 때문에 이러한 모든 예술의 발전은
갑작스럽게 중단되었다.

제2차 세계대전 이후에 이러한 예술가들의 일부가 망명에서 돌아오고 다른 예술가들 또한

망명에 종지부를 찍었지만 이전의 맥을 이어가는 것은 불가능하였다. 동독에서든 서독에서든 누구나 처음부터 다시 시작해야만 했다. 그러나 국토의 분단과 양독의 모든 예술분야에 있어서의 차별적인 발전에도 불구하고 문화적 동질성에 대한 자각은 여전히 존재하였다. 이러한 동질성이 회복된 지금 독일문학은 새로운 발전단계에 돌입하고 있다.

Deutschland kennenlernen ---------------------------------

4. 독일어의 역사

1억 2천만의 독일어 인구

독일어는 세계적으로 중요한 위치를 차지하고 있는 언어의 하나로, 특히 유럽에서는 사용 인구가 영어나 프랑스어보다 많고 러시아어에 이어 두 번째이다.

독일어는 독일 외에 오스트리아, 스위스(인구의 4분의 3), 리히텐슈타인에서 모국어로 사용되고 있고, 그 외에 룩셈부르크, 벨기에, 네덜란드, 덴마크, 스웨덴, 프랑스의 알자스 지방, 북부 이탈리아와 폴란드, 체코, 헝가리, 유고슬라비아 등 동구 여러 나라에도 독일어를 사용하는 사람들이 살고 있어서, 그 수는 대략 1억 2천만으로 세계의 언어 중에서 제9위의 언어이다. 이렇게 여러 나라에서 독일어를 사용하고 있는 데는 그럴 만한 역사적인 이유가 있다. 그것은 1914년 이전의 독일제국이 유럽대륙에서 지배적인 국가로 군림했기 때문이다.

독일어의 역사

유럽의 대표적인 언어 중의 하나인 독일어는 영어와 함께 인도유럽 어족에서 분파한 서게르만어에 속하는 언어이다. 게르만어는 이 밖에 덴마크어, 노르웨이어, 스웨덴어 등 북게르만어의 또 다른 그룹이 있다. 유럽에는 이 게르만어 외에 로만스어(프랑스어, 이탈리아어, 스페인어 등)나 슬라브어(러시아어, 폴란드어 등)가 있고, 이들은 '인도유럽 어족'이라는 큰 그룹을 형성하고 있다.

독일어의 문장어는 서게르만의 '고지(高地) 독일어'에 바탕을 두고 있다. 서게르만어와 그 방언에 대하여 '고지' 또는 '저지'라는 용어가 쓰이고 있는데, 이것은 문화적인 수준을 가리키는 것이 아니고 표고(標高)를 의미할 뿐이다. 이를테면 '저지(低地) 독일어'라고 할 경우엔 저지 해안선의 독일어를 일컫는 것이고, '고지(高地) 독일어'라고 하면 바바리아, 오스트리아,

스위스 산악지방의 독일어를 말하는 것이다.

독일에는 방언이 많다. 따라서 독일어의 본고장은 '저지 독일어'와 '고지 독일어'의 두 방언으로 거의 균등하게 나뉘어져 있다. 그러나 1531년, 종교개혁 시대에 마르틴 루터의 성서 번역으로 보편적인 표준어가 형성되었다. 이것은 '고지'와 '저지' 두 독일어 방언의 절충적인 내용이었지만 실제는 '고지 독일어'에 많이 치우친 것으로 되었다.

독일어와 영어가 자매어라는 사실은 무척 닮은 말이 많이 있는 사실로도 알 수 있다.

이를테면 명사에서는

   독 Hand Name Buch Haus   영 hand name book house

등 많은 수가 있고, 다른 품사에서도

   독 bringen und voll in   영 bring and full in

등 많은 수가 있다. 더욱이 문법적으로 인칭이나 수, 시칭 등에서도 공통점이 많다. 영어의 지식을 잘 활용하면 독일어 공부에 많은 도움이 될 것이다.

독일어는 원래 여러 부족의 언어가 기초가 되어 이루어진 것으로, 지금도 여러 지방에 방언이 많이 있다. 이를테면 동 후리이즈란드 출신과 바이에른 사람이 각자의 사투리로 대화를 하고 있다면 이 두 사투리를 표준말로 통역해 주는 사람이 있어야만 의사소통이 가능할 것이다. 그렇지만 물론 대부분의 독일 사람들은 표준말을 쓰고 있다. 이를 위해서 의무교육이 있는 것이다. 소위 표준으로 되어 있는 것은 하노버 부근에서 쓰이고 있는 독일어로 되어 있다.

가장 오래된 문헌은 765년경의 라틴어에 번역을 붙인 사전이고, 또 최초의 문학작품은 800년경의 영웅 가요 「히르데브란트의 노래」라고 일컬어지고 있다. 16세기 초에 종교개혁자 루터는 성서를 독일어로 번역했는데, 이로써 통일된 독일어로서의 형태를 갖추게 되었다. 그것은 구텐베르크의 인쇄술의 발명과 그 보급에 의해서 널리 퍼져, 18·19세기의 괴테를 비롯한 문학의 융성이 더욱 더 빛을 발하게 되었다. 그리고 19세기 말에 발음과 철자가 통일되어 오늘날의 독일어에 이른 것이다.

독일어에서는 지금, 영어 등과 같이 라틴 문자가 일반적으로 쓰이고 있다. 그러나 특히 전쟁 이전까지는 이와 병행하여 독일 문자도 사용되고 있었다. 지금에 와서는 더 이상 쓰이는 일이 없고, 옛 문헌 등에서나 볼 수 있을 정도이다.

5. 독일의 역사적인 도시들

　역사적인 유적들로 가득한 독일의 여러 도시들은 각기 특유의 면모를 갖추고 있다. 도시의 풍모마다 역사의 숨결을 느낄 수 있는데, 건축예술을 비롯한 예술적 유물들, 교회, 궁전이나 성들 그리고 박물관 등에는 이런 역사가 잘 보존되어 있어서 찾는 이들을 경탄하게 한다. 그렇다고 이 도시들이 박물관처럼 조용한 것은 아니다. 오히려 힘찬 발전을 거듭해와 생동감 넘치고 분주하며 그러면서도 인간적인 분위기를 연출하고 있다. 이런 역사적인 도시 몇 곳을 여기에 소개해 본다.

■**뤼벡과 브레멘** : 중세의 전통을 자랑하는 이른바 한자동맹에 속하는 오래된 항구도시들이다. 뤼벡에는 한 거리 전체가 고딕풍의 벽돌 건축물로 그대로 보존되어 있는가 하면 고풍스런 교회도 많이 있다. 브레멘의 광장거리는 우리를 매혹시킬 만한 명소인데 멋진 건축물들이 많고 특히 르네상스식의 시청건물, 돔 그리고 민간 거주지 등이 명물이다. 광장 한복판에 서 있는 롤란트 동상은 오래 전부터 이 시의 자유를 상징한다.

■**비스마르** : 낭만적인 항구도시인데 그 구시가지는 전체가 보호구역으로 설정될 만큼 유물로 가득하다. 이를테면 거리들이 온통 오래된 민간 거주지로 꾸며져 있다. 또 고딕식 벽돌 건축으로 된 웅장한 니콜라스 교회가 일품이다. 이 교회에서 정기적으로 열리는 뛰어난 오르겐 연주회는 꼭 한번 즐겨볼 만하다.

■**슈베린** : 옛 영주궁이 남아 있는 슈베린호 곁에 위치한 호반도시이다. 역시 잘 보존된 구시가지의 고딕식 벽돌 건축과 돔이 인상적이다. 또 국립극장의 연극과 유명한 화란과 벨지움 대가들의 작품이 전시된 미술관은 최고의 수준을 자랑한다.

■ **바이마르** : 공국의 궁전이 있던 이른바 '독일 고전주의'의 중심지답게 구경거리가 아주 많다. 18세기 말에서 19세기 초에 이르기까지 이 곳에서는 괴테, 쉴러, 헤르더, 비일란트 등 독일문학의 거장들이 활동했다. 괴테가 살던 집과 정원, 쉴러가 살던 집은 오늘날 기념관으로 이 대가들의 삶을 추적해 볼 수 있는 장소가 되고 있다. 이 곳 국립극장에서는 1919년 제1차 세계대전 종전과 함께 왕정이 무너진 후 최초의 국민회의가 소집되었는데, 다름아닌 유명한 '바이마르 공화국'이 탄생했던 곳이다.

■ **트리어** : 모젤 강가에 위치한 로마 시대에 이룩된 역사적인 도시로서 아직도 로마 시대의 유적이 많이 남아 있다. 포르타 니그라, 시 정문, 공회당, 보온시설, 원형극장, 모젤강의 다리 등이 그 대표적인 것이다.

■ **뷔르츠부르크** : 가장 아름다운 바로크풍의 옛 주교궁으로 유명하다. 그에 못지 않게 아름다운 성당건축이며 마리엔베르크 성곽 등이 또한 이 도시의 자랑이다.

■ **하이델베르크** : 온 세계에 독일 낭만주의의 상징으로 널리 알려져 있는 도시이다. 넥카강을 끼고 발달한 이 대학도시는 또한 팔츠 선거 후의 궁전 유적으로도 유명하다.

■ **프라이부르크** : 슈바르츠발트 지역 중심지로서 역사적인 구시가지와 그 안의 고딕건축의 정수로 이름난 첨탑이 있는 수도원이 아름답다.

■ **아우크스부르크** : 한때 독일에서 가장 부흥했던 교역의 중심지답게 르네상스 풍으로 장식된 도시이다. 이 시대에 만들어진 웅장한 시청건물이나 막시밀리안 거리의 분수 등은 아직도 이 도시의 자랑거리이다. 그런가 하면 16세기에 이 도시에 살던 거상 푸거가 기증한 세계 최초의 사회복지 거주 지역 또한 유명하다.

■ **레겐스부르크** : 도나우 강변에 위치한 주교 도시로서 독일 역사에서 중요한 역할을 해왔던 곳이다. 주교 도시로서뿐 아니라 제국의 중심지로서 1806년까지 제국의회가 열렸던 곳이다. 아직도 멋진 풍모를 그대로 보존하고 있는 구시가지에는 돔, 성당, 수도원, 시청, 12세기에 만들어진 유럽에서 가장 오래된 도나우강 다리 등의 건축예술의 극치를 볼 수 있다.

■ **포츠담** : 하벨 호수와 왕궁의 정원으로 둘러싸인 프로이센 왕가의 전통이 빛나는 도시이다.

구시가지에는 구시청 건물, 오늘날엔 영화 박물관으로 쓰이는 왕립 마굿간 건물, 민간 거주지, 대문 등의 바로크풍 건축예술이 잘 보존되어 있다. 그런가 하면 웅장한 원형지붕의 니콜라스 교회는 유명한 베를린 출신 고전주의 건축가인 쉰켈의 걸작으로 꼽힌다. 하지만 포츠담의 백미는 무엇보다 프로이센 왕가 프리드리히 2세의 궁과 온실, 사원, 금빛의 중국식 정자 등 아름다운 볼거리가 가득한 산수치 공원이다. 그 밖에도 대리석 궁전과 세실리아궁이 아름다운 하일리겐 호수가의 공원이나 빌헬름 1세의 궁전이 있는 바벨스베르크 등도 빼놓을 수 없는 관광명소이다.

■ **본** : 유명한 역사 유물로는 주교의 궁전이 있다. 궁전의 본채는 오늘날 본 대학 건물로 사용되고 있고, 근처의 브륄에 있는 여름궁전은 국가적인 행사 때 파티장으로 쓰인다. 시내의 베토벤 하우스와 동상은 이 도시의 가장 위대한 인물을 기리고 있다.

■ **뮌스터** : 오래된 주교 도시로서 성당건축은 물론 역사적인 민간 건축예술로 유명하다. 특히 프린치팔 거리의 이중으로 된 아케이드식 집들과 시청 건물이 볼 만하다.

■ **에르푸르트** : 역사적인 건축예술을 자랑하는 구시가지가 유명하다. 돔, 돔베르크의 성(聖) 세베린 교회, 고풍스런 민간 거주지 거리, 그리고 중세 때 만들어진 가게 같은 집들, 그 위에 지어진 '크래머 다리' 등이 볼 만하다.

■ **아이제나흐** : 시외에는 독일에서 가장 유명한 바르트부르크성이 있다. 또 이 곳에 있는 마르틴 루터 기념관과 요한 세바스티안 바하의 생가 기념관도 빼놓을 수 없는 명소이다.

————————————————————

6. 독일의 대도시들

독일은 지방자치가 잘 발달된 나라이다. 그런 만큼 도시와 시골의 구별없이 대도시들이 각기 중심지로서 전국에 고루 퍼져 있다. 이 대도시들은 크기는 다르지만 모두 생동감 넘치는 도시 분위기와 최고 수준의 연극, 오페라 음악회 등을 연중 끊임없이 여는 다양한 문화행사, 미술관이나 박물관 등의 문화시설, 역사적인 유물과 현대적 도시풍경과의 조화, 완벽한 관광시설 등을 모두 갖추고 있는 곳들이다. 이런 대도시 몇 곳을 여기에 소개해 본다.

■**베를린** : 독일에서 가장 큰 도시로서 그야말로 국제적인 풍모를 갖춘 독일의 수도이다. 유럽에서 가장 넓은 거리인 '쿠어퓌 르스텐담', 역사적인 낭만의 거리 '운터 덴 린덴'은 물론 숱한 세계적인 수준의 미술관·박물관·프로이센 왕가의 전통에 빛나는 궁전 등의 건축예술, 최고수준의 오페라·연극·음악회 등의 문화 프로그램을 자랑하는 곳이다.

■**함부르크** : 유럽 최대의 항구 도시로서 웅대한 항구로 유명할 뿐만 아니라 도시 가운데 자리한 알스터 호수의 유람선을 타면 높은 교회 첨탑에서부터 거대한 쇼핑센터 등의 초현대식 거리풍경까지 멋진 도시관광을 즐길 수 있는 곳이다.

■**뮌헨** : 남부지방의 대도시로서 바이에른 왕국시대의 멋진 건축예술을 자랑하는 생동감 넘치는 곳이다. 또 최고의 문화 프로그램, 최고수준의 미술관이나 박물관 등의 문화시설을 갖추었을 뿐 아니라 남부 특유의 낙천적인 생동감이 살아있는 도시이다. 프라우언 성당과 고딕식의 시청건물은 건축예술의 극치를 보여 준다. 또한 맥주의 본고장으로 '10월 축제(Oktoberfest)'는 너무나 유명하다.

■**쾰른** : 로마 시대에 세워진 도시로서 이 곳 로마-게르만 박물관에서 그 역사를 추적해 볼

수 있다. 또 로만 형식의 교회나 고딕식의 돔 등 중세 건축예술의 정수도 맛볼 수 있는데 세계에서 가장 큰 고딕식 성당이 그 좋은 예다. 카니발 때 쾰른이나 뒤셀도르프를 찾으면 라인 지역 축제의 진면목을 체험할 수 있다.

■**프랑크푸르트** : 마인 강가의 교역과 금융의 중심지인데 독일에서 가장 큰 국제공항이 있고 초현대식 고층건물들이 밀집해 있는 도시이다. 그런가 하면 독일역사의 산 증인이라고 할 만한 곳인데 바로 이 곳 돔에서 독일 황제들이 선출되었고 또 파울스 교회에서는 독일의 첫 번째 의회가 소집되었으며 괴테의 생가가 있는 곳이기도 하다.

■**뒤셀도르프** : 우아한 쾨닉스알레 거리를 따라 라인강가 대도시의 유행과 예술의 멋을 즐길 수 있다. 또한 구시가지에는 술집들이 줄을 지어 늘어서 있어 유럽에서 가장 긴 술집거리를 형성하고 있다.

■**슈투트가르트** : 포도동산으로 둘러싸인 현대적인 도시이다. 멋진 정원이나 바로크식 궁정 건축은 이 곳이 뷔르템베르크 공국의 수도였을 때의 역사를 보여 준다. 바트 칸슈타르라는 구역에서는 유럽에서 손꼽히는 광천수가 나온다. 이 도시의 미술관, 자연박물관은 국제적인 명성을 얻고 있는 명물이기도 하다.

■**라이프치히** : 전통적인 박람회 도시로 유명하지만 교역과 문화의 중심지이기도 하다. 장대한 박람회장 건축물 외에도 요한 세바스티안 바하가 활동했던 토마스 교회, 그리고 세계적인 게반트하우스 음악당이 이 도시의 자랑거리이다. 또 비대칭적인 첨탑으로 유명한 르네상스 양식의 시청건물은 아름답기 그지없다. 그 밖에도 '아우어바흐 켈러' 같은 술집이나 '쫌 카페하우스' 같은 카페는 괴테가 대학 다니던 시절 드나들었던 역사적인 곳이다.

■**하노버** : 매년 열리는 웅장한 규모의 산업 박람회로 유명하지만 역사적인 유물이 가득한 구시가지와 헤렌하우젠의 아름답기 그지없는 바로크식 정원 또한 빼놓을 수 없는 구경거리를 제공해 준다.

■**드레스덴** : 작센주의 수도로서 한 때 유럽에서 가장 아름다운 궁전도시의 면모를 아직도 그 대로 유지하고 있으며, 특히 바로크 건축이 많이 남아 있는 도시이다. 특히 호프 교회와 '츠빙어' 등은 독일에서 가장 빼어난 바로크 건축예술로 사랑받고 있다. 그 밖에도 미술관, '녹

색 아아취' 등이 세계적인 명성을 얻고 있고 젬퍼 오페라하우스 또한 원형 그대로 복구되어
유럽에서 가장 아름다운 오페라하우스의 명성을 되찾았다. 또 드레스덴 음악당 합창단은 수
백 년 전통을 자랑하는 유명한 음악 명물이다.

독일의 주요 도시와 인구

베를린	3,520,031 명	도르트문트	586,181 명
함부르크	1,787,408 명	에센	582,624 명
뮌헨	1,450,381 명	라이프치히	560,472 명
쾰른	1,060,582 명	브레멘	557,464 명
프랑크푸르트	732,688 명	뒤스부르크	532,000 명
슈투트가르트	623,738 명	드레스덴	543,825 명
되셀도르프	612,178 명	하노버	532,161 명

2015년 기준 (단위: 명)

7. 세계의 경제 대국

사회 시장경제의 모델

구서독은 전후에 눈부신 경제 부흥을 이루어, 특히 1950년대에서 60년대 초에 걸쳐서는 '기적의 서독 경제' 라고까지 일컬어지는 급성장을 달성하였다. 독일이 제2차 세계대전의 폐허에서 빠른 성장을 이룰 수 있었던 요인으로는 국가 재건에 대한 굳은 결의와 함께 무엇보다 탁월한 공업 기술과 근면하고 효율 높은 노동력 그리고 시장경제제도 이 네 가지를 꼽을 수 있다.

비록 전쟁으로 공장과 기계가 파괴되었지만 오늘날 '인적 자본'으로 불리는 생산 요소는 건재하였다. 숙련된 노동자와 창의력 있는 과학자, 노련한 행정관료, 그리고 모험을 불사하는 기업주들이 그런 인적 자본을 형성하였다. 독일 경제는 미국의 경제원조, 즉 마샬플랜에 의해 가동되었다. 제2차 세계대전 이후 독일 경제구조는 경제발전 추이에 대한 전반적 통제가 존재하는 사회적 시장경제로 발전해 왔다. 경제과정은 자유로운 가격형성에 의해 통제되며 가격은 수요와 공급에 의해 결정되므로 가격은 곧 상품의 부족이나 과잉을 가리키는 지표가 된다. 이런 경제체제는 개인이 발전해 나갈 수 있는 자유와 사회보장의 원칙이 결합된 것이다.

독일의 사회시장경제 선택은 '경제 기적의 아버지'로 일컬어지는 루드비히 에어하르트를 떠나서는 생각할 수 없다. 그는 정치권의 강력한 반대에 부딪치며 이 제도를 시행에 옮겼다. 첫 시행은 1948년 6월 20일에 단행되었고 바로 그 날 화폐개혁이 실시되어 인플레로 가치가 폭락했던 구 독일제국의 화폐(Reichsmark)가 새로운 마르크화(Deutsche Mark)로 대체되었다.

사회시장경제 모델의 성공 여부는 상호 의존적이며 상호 보완적인 다양한 요인들에 달려 있다. 즉, 사유권, 경쟁, 직업 및 고용에 대한 자유로운 선택권, 소비자 보호, 사회보장체제,

경제 구조에 대한 국가정책, 노사 관계 등의 요인 들이 포함된다. 과거 동독 체제는 중앙집권적 통제경제로 그 체제는 그저 부족 현상을 메우기에 급급했을 뿐이었다. 이러던 것이 지금은 사회시장경제로 탈바꿈하고 있으며 경제성장의 조짐들이 이미 나타나고 있다.

현재 국민 총생산 및 국민 1인당 GNP에 있어서는 미국, 일본에 이어 독일이 3위를 차지하고 있다. 또 제조업을 중심으로 한 고도의 선진 공업국·무역국으로서 화학 섬유, 철강, 자동차, 사무·통신 기기 등을 중심으로 한 수출에서는 미국 다음으로 2위이다. 'Made in Germany'의 브랜드는 전세계에서 높은 신뢰를 얻고 있다.

시장경제 내의 사회복지적 요소

독일이 다른 많은 나라들보다 산업적인 상관관계가 원활한 이유는 사회보장 구조가 견고하기 때문이다. 시장경제 내의 사회복지적 요소는 예컨대 지불능력에 따라 차별화된 조세부담제도에서 찾아 볼 수 있다. 즉, 저소득층은 부유층보다 세율이 낮다. 하지만 이와 동시에 국가에 의한 조정적인 간섭은 신중해야 한다. 왜냐하면 지나친 사회보장연금은 국가재정에 부담이 되고 투자를 저해하며 산업생산성을 약화시켜 결국에는 수혜자 편에서 볼 때 일하고자 하는 의욕마저 감소시켜 버리기 때문이다.

현재 GNP의 3분의 1 이상이 사회보장 혜택으로 돌려지고 있는 독일에서 사회시장경제는 항상 어떠한 이유에서건 경제활동의 필요수준을 따라잡지 못해 경제활동에 기여할 수 없는 모든 집단에 대해 보호기능을 수행해 왔다. 사회시장경제는 헌법으로 명시되어 있는 것은 아니지만 대부분의 주요 원칙들은 사회적 법치국가의 이념, 경제적 자유, 노사의 자율권, 소유는 사회적 의무를 수반한다는 헌법의 기본원칙 등에 기초하고 있다.

사회적 보호는 아동이나 노약자 등 취약한 사회 구성원들을 위한 광범위한 혜택을 포함하고 있다. 노약자인 경우나 실업 또는 사고로 인한 취업 불능상태 또는 파산했거나 더 나은 직업선택을 위해 재교육중인 경우에도 사회적 제도를 통해 재정상의 곤란을 면할 수 있다. 그러나 사회연금은 자선의 차원이 아니라, 연대감으로 유지되고 있는 한 공동사회 내에서 주고받는 관계라는 차원에서 쓰여진다. 모든 소득생활자들은 자신들도 필요하면 몫을 받을 수 있다는 확신에서 큰 냄비에 기금을 출연하고 있다.

사회보장제도에 포함되어 있는 것으로 모든 아동에게 지불되는 아동연금, 주거수당, 저축가

입자에게 주는 세금감면, 가난한 사람들에게 주는 추가 수당, 전쟁 희생자들에게 주는 보상금 등이 있다. 독일 정부는 소위 '사회복지예산'에 정기적으로 공적 또는 사적 복지 비용을 총괄하고 있다. 1991년, 사회보장기금은 대략 7,650억 마르크에 달했는데, 이것은 GNP의 3분의 1에 해당된다.

노사관계

독일의 경제적 성공은 주로 노사간의 파트너쉽과 협력관계에서 비롯되었다. 빈번한 파업이나 업주들 간의 사회인식 결여는 공동의 이익에 해가 될 뿐이다.

근로자들의 참여권과 노사 상호관계에 대한 규제들로 인해 피고용인들은 의사결정 과정에 적극적인 역할을 맡는 파트너가 되었다. GNP 성장에 근로자들이 차지하는 비중은 그들이 경제활동 인구의 한 부분으로서 그 수가 지속적으로 증가하는 데서 비롯된다. 그들 대다수가 생산직 및 사무직 근로자로 또는 공무원이나 견습직 형태로 고용되어 있다.

Deutschland kennenlernen ————————————————————

8. 외교정책

광범위한 의무

1990년 독일은 평화적으로 통일되었다. 독일국민의 자유로운 의사결정과 우방국들의 지원에 힘입은 결과였다. 제2차 대전 후 45년만에 유럽의 분단이기도 했던 독일의 분단은 끝이났다. 1990년 9월 12일 모스크바에서 서명한 '2+4조약'은 마침내 독일문제에 종지부를 찍고 전후 시대를 마감하였다. '2+4조약'은 독일이 1990년 10월 3일 통일되는 것과 함께 향후 주권을 유지하며 외교와 안보문제에 관한 어떤 공개질문에도 외부의 간섭을 받지 않음을 보장하고 있다. 통일독일은 이제 광범위한 의무를 안고 있다. 유럽통합의 진전과 북미와의 협력, 동유럽과 제3세계의 발전지원이 그것이다.

독일의 모든 정책은 평화라는 대전제 아래 수립되어 있다. 독일인들에게는 이제 민족국가의 관점에서 생각하는 것은 과거의 일이 되었다. 독일의 외교정책은 자유민주주의 체제에 확고히 자리잡고 유럽공동체와 북대서양 조약기구의 회원국 자격을 그 기초로 삼는다. 따라서 독일 외교는 다음과 같은 4가지의 근본적인 목표를 갖고 있다. 즉, 유럽통합과정의 지속적인 추진, 북대서양 조약기구의 발전 촉진, 동유럽 개혁의 안정화 지원, 제3세계 국가와의 우호관계 유지가 그것이다.

독일은 세계평화를 정착시키고 우리가 살고 있는 이 시대의 양대립을 평화적 궤도로 이끌어 가고 대립을 협력으로 대치시키는 데에 기여하기를 원한다. 전세계적으로 교류하고 있는 세계 최대의 산업국이자 교역국 중 하나로서 독일은 안정적이고도 효율적인 세계경제 체제에 의존하고 있다.

독일의 정책목표는 선진국과 개발도상국 간의 이해가 서로 균형을 이루도록 하는 데 있으며 그 균형은 관계 당사자간의 유익한 대화에 기초한 것이다. 독일은 현재 전세계의 거의 모든 나라와 외교관계를 맺고 있다. 해외에 230개 이상의 대사관과 영사관을 두고 있을 뿐 아니라 초국가적이며 국제적인 기관에 9개의 대표부를 두고 있다.

서유럽국가들과의 관계

독일과 프랑스의 특별한 관계는 아데나워 수상과 드골 대통령이 1963년 엘리제궁에서 협정을 체결하면서 시작되었다. 그 후 6개월마다 열리는 정상회담과 여러 차례의 상호협의는 양국관계에 새로운 활력을 불어넣고 있다. 지난 수년 동안 두 나라는 공동 노력을 통하여 특별히 유럽통합과정과 그 진전 속도를 가속화시키는 데 기여하였다.

독일 통일 이후 프랑스는 구동독 지역에서 경제적·문화적으로 활발한 활동을 펼치고 있다. 독일과 프랑스 양국 국민들간의 광범위한 유대관계와 긴밀한 경제적인 의존도는 양국간의 우애를 더욱 돈독히 해주고 있으며, 이는 양국이 서로에게 가장 중요한 산업의 동반자임을 뜻한다. 지난 수년 동안 다른 서유럽 국가들과의 협력 또한 증진되었다. 영국과 독일은 6개월마다 정상회담을 개최하고 있으며 다른 서유럽 국가들과도 조약, 협의, 상호방문 등 강력한 연결망을 통해 대 프랑스 관계와 거의 같은 접촉을 해오고 있다. 독일과 이스라엘의 관계는 모든 차원과 분야에서 볼 때 매우 긴밀하며 우호적이다. 1965년 양국이 외교관계를 수립한 이후 양국관계는 다방면에서 훌륭한 동반자 관계로 발전해 왔다.

대외문화정책

독일의 대외문화정책은 대외관계에 있어서 가장 중요한 부분의 하나이며 다음과 같은 활동들이 이에 포함된다.

*독일연방공화국에 대한 포괄적이고, 자기비판적이며, 민주여론의 다양성을 반영하는 독일의 모습과 그 문화적 업적을 선보여 우리 민족의 모든 정신적 가치를 포괄하는 독일상을 소개한다.
*전세계에 걸쳐 독일어를 보급하고 이를 지원한다.
*우호와 협력의 원칙에 따라 다른 나라와의 문화적인 교류를 증진한다.

대외문화정책의 목표는 국가간의 편견을 제거하고 상호간의 존중을 공고히 하는 것이다. 이러한 정책들의 대부분은 연방정부가 세운 기본규정에 의거하여 활동하고 있는 독립된 기관들에 의해 수행되는 것이 보통이다.

Deutschland kennenlernen --

9. 교육제도

유치원에서 고등학교까지

유치원은 독일에서 처음 실시한 제도로, 독일어인 'Kindergarten'은 수많은 언어에 그대로 사용되고 있다. 그러나 유치원은 교육제도에 포함되지 않으며, 유치원 교육은 개인의 자유의사에 따라 받는다. 하지만 이 교육기관의 인기도는 독일의 3세 ~ 6세의 어린이 4분의 3 이상이 유치원에 다닌다는 사실에서 알 수 있다.

의무교육은 6세에 시작해 주에 따라 9년 또는 10년이 소요된다. 기초학교(Grundschule)는 일반적으로 4년 과정이며 이것에 이어지는 중등교육은 다음 세 가지로 분류된다. 즉, 학문연마 정도가 비교적 덜한 5년제의 주요학교(Hauptschule), 6년제의 실업학교(Realschule), 그리고 대학 진학코스인 김나지움(Gymnasium)이 그것이다. 몇몇 연방은 이들 세 가지를 함께 엮어서 종합학교(Gesamtschule)를 운영하고 있다.

중등교육의 제2단계는 (17세에서 19세의 청소년층이 해당) 대학 입학 자격시험인 아비투어(Abitur)로 이어지는데, 이 자격 획득은 김나지움이나 몇몇 종합학교에서만 가능하다. 이 시험에 합격하면 대학 입학 자격을 얻을 수 있다. 원칙으로는 희망하는 대학에 진학할 수 있지만, 의학계 같은 학부에서는 입학 허가 제한이 있어서 성적순으로 정원이 채워지기 때문에 입학이 될 때까지 대기해야 하는 경우도 있다.

기초학교를 마치고 주요학교(Hauptschule)에 가는 학생 수는 약 반쯤 되고, 15세에 이 학교를 마치면 대개는 수공업 분야나 산업체에서 직업훈련을 시작한다.

실업학교(Realschule)는 5학년부터 10학년을 마칠 때까지 6년간 다니는데 졸업을 하면 전문학교에 입학할 수 있으며 경제계나 사무직에서 중견사원이 될 수 있는 유리한 입장에 서게 된다. 이 졸업장을 받는 학생은 전체의 3분의 1쯤 된다. 실업학교를 졸업하면 직업교육을 받거나 다른 학교에서 중등교육 제2단계에 편입할 수 있다.

현장 연수와 학문적인 교육이 병행되는 독일 직업교육제도는 세계적으로 높은 평가를 받고 있다. 직업코스에 나아가면 학생들은 기업체에서 교육을 받으며 3년간 일주일에 한두 번 직업학교에서 이론이나 외국어를 터득한다. 전통적인 독일의 '마이스터 제도'는 지금도 살아 있다.

독일에는 약 450종의 직업교육 유형이 있으며 이들은 각기 나름대로의 교육수칙을 가지고 있다. 이론은 직업학교에서 가르치며 실습교육은 기업체에서 제공한다. 중등교육 제2단계에 진학하지 않은 모든 청소년은 18세까지 직업학교에 입학해야 한다.

다양한 대학교육

1세기 이상이나 독일의 대학들은 훔볼트(Wilhelm Freiherr von Humboldt 1767~1835)의 교육철학에 깊은 영향을 받아왔다. 그는 1810년에 창립된 베를린 대학에서 자신의 이상을 실천하려 했는데, 그의 핵심 철학은 연구와 강의를 통합하는 것이었다. 그러나 이러한 교육이상은 점차 현대 산업사회의 요청에 부합할 수 없게 되었다.

많은 신설 대학들이 보다 좁은 통학 구역권 안에 세워졌지만 학생수가 점차 늘어나서 이들 교육기관에 많은 부담이 되고 있다.

독일에는 약 300개의 고등교육 시설이 있고 여기에 170만 이상의 학생이 재학중이며 그 중 6%가 외국인이다. 신생연방주에서도 학생 수가 증가할 것은 분명한 사실이다. 왜냐하면 고등교육기관에서 수학중인 청소년 비율이 서독의 경우 연간 23%가 넘는 반면, 동독에서는 겨우 8%를 밑돌고 있기 때문이다.

독일 고등교육제도의 중추는 대학이다. 여기에는 일반대학, 종합기술대학, 공업대학 그리고 음악예술대학, 초등교사 양성대학과 같은 전문교육기관이 포함된다. 그 밖에 실습교육에 보다 역점을 두는 공업전문대학의 분야로는 산업, 기술, 디자인, 농업이 있다. 일반대학과 공업전문대학의 학생비율은 3 : 1이다.

대학은 주립, 수업료는 무료

독일의 중앙 연방정부엔 교육부가 없고, 모두 16개의 주정부 하에서 교육이 이루어지고 있다. 교회에서 설립한 일부의 특수 대학을 제외하고는 모두 주립이며 입학금이나 수업료는 없다.

연방정부 차원에서 결정되는 것은 대학제도와 연구 촉진에 관한 일반적인 원칙뿐이다. 또 연방정부는 대학을 세우고 연구를 장려하는 데 필요한 경비를 함께 부담하고 있을 뿐 대학 자체의 업무에 관해서는 대학이 막강한 자율권을 가지고 있다. 여기서 기본적으로 중요한 것은 '학문의 자유'이며 국가는 교수 내용에 아무런 영향을 미치지 못하고 유효한 법률 테두리 안에서 모든 대학이 각기 고유한 법을 제정하도록 되어 있다.

종합대학의 수는 약 70개이고, 그 중에서 가장 오래된 대학은 하이델베르크 대학으로 1386년에 창립되었다.

여름학기는 4월에서 7월, 겨울학기는 10월에서 2월

대학에서는 'Semester'라는 학기제가 채택되고 있다. 여름학기는 4월에서 7월, 겨울학기는 10월 중순에서 2월 중순으로, 여름방학과 학기방학이 그 사이에 들어 있다.

수업은 강의나 세미나, 학부에 따라서는 실습이 있고, 구두 발표나 필기시험, 레포트 등이 꽤 엄격하게 행해진다. 전공 과목 외에 또 하나의 부전공 과목을 반드시 이수해야만 한다. 학생들은 평균적으로 14학기, 즉 7년 이상 재학하며 약 70% 정도가 졸업한다.

Deutschland kennenlernen ——————————————————————

10. 독일의 사회

개인의 책임과 공공질서

독일인의 사회생활에서 특징적인 것은 질서를 중히 여기고, 개인 각자가 자신의 행동에 대하여 분명히 책임을 진다는 것이 기본으로 되어 있다.

보행자는 정확히 좌측으로 걷고, 신호를 지키며, 운전자는 대개 예의 바르고 교통규칙을 준수한다. 전차나 버스를 탈 때는 표를 산 뒤 자기 스스로 각인기로 날짜를 찍는 시스템이 잘 시행되고 있고, 열차를 탈 때도 역에 개찰구가 없이, 타고 나서 돌아다니는 차장에게 신고하고 표를 제시한다.

요컨대 시민 생활의 규칙으로서 자기의 책임은 자기 자신이 지며, 상대방은 그것을 신용한다는 사고방식이 바탕에 있는 것이다. 이러한 사회적 규칙을 따르지 않는 것은 그 사람의 인격에 관계되는 것이며, 만약 그것을 깨뜨리면 엄하게 처벌받게 되는 것이다.

독일의 거리가 깨끗하기로 유명한 것도, 독일인이 시간에 엄격하고 책임감이 강하며 약속을 잘 지킨다는 사실도 역시 이와 같은 사고방식과 무관하지 않다. 공(公)이라고 하는 사회의 질서는 개(個)라는 한 사람 한 사람의 책임에 의해서 유지되고 있는 것이다.

11. 환경보호

환경정책

　독일인은 세계에서 가장 진지하게 자연보호에 몰두하고 있는 국민이라고 말할 수 있을 것이다. 자원의 낭비나 자연파괴와 연관되는 일은 가능한 한 피한다는 생각이 철저하다.

　우리가 살고 있는 자연생태계를 보존하는 일이 정부와 산업계 그리고 일반 국민에게 가장 시급한 임무의 하나가 되었다. 환경에 가해지는 과도한 변형과 이로써 야기되는 폐해는 여러 요인들에 의해 유발된다. 독일에서는 환경오염을 통제하고 인류가 편히 살 수 있는 환경을 보존하는 일을 정치적 우선 과제로 삼아온 지 10년이 되었다.

　환경정책의 가장 중요한 목표는 인간, 동·식물, 생태계 및 공기, 물, 토양, 기후, 나아가 문화재를 보호하고 보존하는 일이다. 선구자적인 첫 조치로 1986년 '연방환경·자연보호 및 핵안전부'가 신설되었다. 여러 주정부들도 역시 각기 환경청을 설립했다. 초기 단계에서부터 독일정부는 국제적 차원, 특히 유럽공동체 국가들 내에서 환경정책을 고무해 왔다. 여기에는 다음 세 가지 원칙들이 지침이 되어 왔다.

＊**예방의 원칙** : 정부나 산업계의 새 프로젝트는 첫째 환경문제를 유발시키지 않는 방향에서 세워져야 한다.

＊**당사자 책임의 원칙** : 책임은 일반 대중이 지는 것이 아니라 오염이나 환경 파손을 유발시키는 당사자들이 진다.

＊**협력의 원칙** : 환경문제의 해결은 국가와 산업계 그리고 일반 대중의 상호 동의가 있어야 한다.

동독은 공기, 물, 토양의 오염이 다른 어느 곳보다 심각하여 환경정책에 많은 문제를 제기하였다. 환경 파손을 근절시킬 광범위한 프로그램이 이미 시작되었으며 독일 정부는 차후 10년 안에 동독에 서독과 동일한 환경기준을 적용하겠다는 목표를 세우고 있다.

다른 선진 산업국들과 마찬가지로 독일의 대기는 발전소, 무역, 산업, 교통, 가정 난방 등으로 야기된 다양한 오염물질로 오염되어 있다. 오염의 해악이 특히 심각하게 미치는 곳은 산림이며 총체적 조치가 강구됨으로써 대기오염을 많이 줄일 수 있게 되었다.

여기에는 무연 휘발유의 도입, 가스방출 허용치 설정, 용광로 사용에 대한 규제, 대기오염 방지를 위한 기술적 지침 제공이 포함되어 있다. 예컨대 1991년 초에 이르러 독일의 승용차 4대 가운데 1대는 촉매제를 사용한 변환장치를 장착하게 되었다. 이 변환장치는 지금까지 나온 것 중 가장 좋은 배기 필터로서 1993년까지 EC내 모든 신규차량들의 배기정화장치 부착이 의무화되었다.

대기오염을 관리하는 일은 국제적인 과제이다. 독일의 대기 중 아황산가스의 절반은 이웃 국가들로부터 흘러 들어온 것이다. 반대로 독일에서 유발된 오염물질의 절반이 바람을 타고 국외로 흘러 나가고 있다. 이러한 사실이 바로 1983년의 「대기오염 방지에 대한 제네바 협정」에 많은 영향을 주었다. 1985년에는 헬싱키에서 21개국이 모여 인접국가들로 날아드는 유황성분을 포함해서 총 유황방출량을 최소 30%까지 줄이기로 결정하였다. 1988년에는 질소 방출에 대한 비슷한 내용의 협정이 체결되었다.

강 · 호수 · 바다의 보호

오랫동안 독일 내의 호수와 강을 보호하려는 노력은 산업의 급격한 성장에 밀려왔다. 관련 규제들이 강화되고 나서야 실질적인 개선이 이루어졌다. 새로운 수질관리시설, 특히 유기물 이용시설과 하수처리 시스템이 산업계 및 지방의회에 의해 성립되었다.

한 가지 중요한 목표는 수표면의 유기물 누적을 줄여보자는 데 있었다. 1970년대 초에는 라인강이나 마인강은 심각한 오염 때문에 사실상 죽은 상태와 다를 바 없었으나 지금은 다양한 종류의 물고기가 서식하고 있다.

동독의 호수와 강을 정화하기 위한 작업도 시작되었다. 이 곳의 수질이 토양에 해를 끼치지 않는다 하더라도 많은 오염물질들이 결국 강과 대기를 통해 바다에 이르게 된다. 그런데 바다는 선박과 해상 유전 굴착장치들에 의해 오염되고 있다. 특히 북해는 우려할 정도인데 이러한 문제는 북해를 경계로 이웃하는 국가들간의 연대의식과 협력을 통해서만 해결될 수 있다.

독일의 제안으로 1984, 1987, 1990년에 북해 보호에 관한 여러 차례의 국제회의를 통해 북해로 흘러드는 유출물 감소를 목적으로 많은 조치들이 강구되었다. 즉, 가능한 조속한 시일 내에 해상에서의 유입물 및 쓰레기 처리를 금지하며 쓰레기 소각을 중단하는 것을 목표로 하고 있는데, 독일에서는 이미 이러한 것들이 시행되고 있다.

자연보호

주택의 건설과 교통 및 산업활동은 자연면적을 현격하게 축소시켜 왔다. 따라서 자연서식지 및 동식물을 보호하는 일이 점차 시급한 일로 부상하게 되었다. 도시 외 지역의 정비계획에 기초가 되는 '연방 자연보호 프로그램'과 '종족 보호를 위한 법규'를 통해 많은 개선이 이루어졌다.

산림에 대한 손상을 복구하기 위해서 '숲을 살리자'라는 캠페인이 벌어지고 있다. 독일의 환경보호 법률에서는 관련 기업이나 개인은 그것이 경제활동의 불가피한 결과로 생긴 것이라 할지라도, 모든 환경을 해치지 말아야 할 의무가 있음을 규정하고 있다. 이 법률은 또한 자연보호구역의 설정을 정해 놓고 있다.

독일에서는 지금까지 특별한 보존가치를 지닌 10군데의 광범위한 지역을 '국립공원'으로 지정하였다. 이 외에도 많은 자연공원과 자연보호구역이 있다. 독일 당국은 엄격하게 이를 감시하고 있으며 '조류 보호를 위한 유럽공동체 규제', '종족 보호에 대한 워싱턴 협정', '유럽 야생동물 보호에 관한 베른 협정' 등 국제협정을 맺고 있다.

급속히 개선되고 있는 구동독의 환경

'구동독 지역에서 새로운 일이 많이 벌어지고 있다'는 말로 독일 연방환경부는 구동독 지역의 환경 개선 상황을 표현하고 있다. 그리고 실제로도 많은 것이 변하고 있다. 대기오염도가 눈에 띄게 저하되었고, 특히 삼림고사의 주범으로 지목되었던 이산화탄소의 감소는 주목할 만하다. 하천과 강, 바다의 상황도 5년 전과 비교해 월등히 개선되었다.

유럽에서 가장 더러운 강 가운데 하나였던 엘베강의 경우도 마찬가지이다. '중금속 오염이 강 구역별로 1990년 최고 오염치의 1/3까지 감소했다'고 환경지리학 연구소 소장은 밝혔다.

독일 통일 직후의 상황과 비교해 보면 환경이 어느 정도 개선되었는지 여실히 드러난다. 당시에는 대기 중에 유황성분이 발견되지 않은 곳이 없었고, 따라서 일례로 튀링엔의 삼림에서는 현재까지 전체 나무의 50%가 심각한 피해를 입게 되었다. 광산과 하천과 강의 오수도 간과할 수 없다.

해마다 40억 입방미터의 산업폐수가 정화도 되지 않은 채 하천에 방류되고 있고, 이러한 폐수는 최신기술을 사용하더라도 식수로 정화할 수 없다. 불법 매립지와 물이 새는 하수도에서는 오염 물질이 지하로 스며들고, 그 결과 지하수도 오염되었다. 구동독 지역의 총면적 중 약 40%에서 생태계의 균형이 파괴된 실정이다.

이러한 문제들을 시정하기 위하여 다양한 대책이 마련되었다. 구동독 지역의 환경을 보호하고, 정수시설 및 공장에서 쓰일 여과시설, 탈황장치, 소각시설, 현대적인 리사이클링 시설을 설치하는 데 400억 마르크가 투자되었다. 그러나 이것들만으로는 충분하지 않다. 구서독 지역과 비교하면 아직 미비한 점이 많다. 대책을 계속적으로 강구해야 하며 향후 10년간 매년 66억 마르크가 구동독 지역의 환경을 개선하는 데에 소요될 예정이다. 그리고 1999년까지는 유럽연합(EU)으로부터도 약 270억 마르크가 지원된다.

Deutschland kennenlernen ————————————————

12. 숲과 호수와 강의 나라

독일의 지형은 북부의 저지대, 중부의 구릉지대 그리고 남부의 알프스 지대, 이렇게 크게 셋으로 나눌 수 있다.

지대가 낮은 북독일은 기복이 적은 평원지대로 평탄하고 널찍한 목장이 많고, 느긋하면서도 목가적인 분위기가 감돌고 있다.

중앙부는 구릉지대로, 침엽수의 숲으로 뒤덮인 야산이나 고원이 많다. 국토의 3분의 1이 거의 숲으로 덮여 있는데 대부분 침엽수림이다. 한편, 공업지대도 많고, 라인강 유역에는 큰 도시가 발달하고 있다. 프랑스와 스위스에 가까운 남서부에는 슈바르츠발트('검은 숲'이란 뜻) 라는 침엽수의 삼림지대가 펼쳐져 휴양지로 매우 인기가 있다.

남독일은 알프스를 뒤로 한 고산지대로, 스위스·알프스에서 흘러내려와 이루어진 보덴 호수 는 독일 최대의 호수이다. 가장 높은 산은 오스트리아와의 국경에 있는 추크슈피체로 2,963m 의 높이다.

독일에는 많은 강이 흐르고 있다. 남쪽의 보덴 호수(Bodensee)로부터 북쪽으로 흐르는 라 인강, 그 지류인 모젤강, 네카강은 모두가 연변 언덕에 포도밭이 펼쳐져 있어 포도주의 명산 지로 유명하다. 또 루르 공업지대의 중심인 에센, 노르트라인-베스트팔렌주의 수도인 뒤셀도 르프, 대성당으로 유명한 고도 쾰른, 구서독의 수도인 본 등은 모두가 라인강 유역에서 발달 한 도시이다.

남쪽에서는 슈바르츠발트(Schwarzwald)에서 발원하는 도나우강이 독일을 동쪽으로 가로질 러 멀리 빈, 부다페스트를 향하여 흐르고 있다. 동쪽에는 엘베강이 북동쪽으로 달려 북해로 흘러들고 있다.

Deutschland kennenlernen ————————————————————————

13. 독일의 4계절

독일은 북쪽에 위치하고 있지만, 대서양을 건너오는 편서풍의 영향으로 기후는 오히려 온화하다. 월평균 기온차는 한국보다 작지만 4계절이 분명하다. 그러나 무엇보다도 겨울이 길고 기온이 낮아 눈이 자주 내린다.

비는 일년 내내 어느 때고 내리지만 2~3일간 계속되는 것이 보통인데 날씨의 기복이 심하고, 북부와 남부가 때로는 전혀 다른 날씨를 보이기도 한다. 가장 추운 달인 1월의 평균 기온을 보면 산악지방은 섭씨 영하 6도이고 낮은 지대는 영상 1도 5분을 가리킨다.

위도가 높기 때문에 겨울철엔 일조 시간이 매우 짧아 아침엔 9시경이 되어야 겨우 밝아지기 시작하고, 오후 4시경이 되면 벌써 가로등이 켜진다. 그런 어둡고 추운 겨울이 지나 이윽고 봄 5월이 되면 햇빛은 생기를 더하여 나무들은 일제히 움이 트고 꽃이 피며 새들이 지저귀기 시작한다. 해도 점점 길어져 7월 말에는 여름이 무르익지만 습도가 낮은 관계로 그렇게 덥지 않다.

여름엔 반대로 해가 무척 길어 섬머타임으로 1시간을 앞당겨 놓는 경우도 있으며 10시경까지도 밖이 환해서 언뜻 시간을 잊어버릴 정도이다. 하지만 그런 여름도 한순간이다. 9월이 되면 이따금 더위가 다시 오는 경우도 있지만 비가 오는 날이 많아진다.

10월 후반에는 이미 나무들이 잎을 떨어뜨리고 해도 짧아져 다시 계절은 겨울철로 접어든다. 기온의 지역차는 한국보다 적고 비는 비교적 자주 오지만, 연간 강우량은 한국의 절반 이하이다. 그리고 한국과의 시차는 독일이 8시간 늦은데 3월 말부터 9월 말까지는 섬머타임 관계로 7시간 차가 된다.

14. 독일의 거리와 주택

광장과 교회가 거리의 중심

독일의 많은 거리는 중세에 그 원형이 축조된 것이다. 거리의 중심은 광장으로 흔히 채소나 과일, 고기, 꽃 따위의 시장이 열린다. 그 한 모퉁이에 교회가 있고 첨탑이 하늘 높이 솟아 있다. 시(市) 청사도 대개 그 근처에 있다.

광장은 도로가 방사형으로 뻗어 있고, 옛날 적의 침입을 막기 위해 축조된 도시의 외벽은 지금은 거의가 환상도로나 산책도로로 되어 있다. 그 안쪽을 구(舊)시가라고 부르는 반면, 바깥쪽의 신(新)시가에는 자연을 보존하면서 근대적인 건물이나 새로운 주택 등이 건축되고 있는 것이 전형적인 독일의 거리 모습이다.

거리의 미관을 중시하는 독일에서는 건축에 엄격한 규제가 있다. 건물의 높이와 지붕의 빛깔, 창문의 위치에 이르기까지 엄격하게 규제되어 거리 전체의 조화를 깨뜨리지 않도록 충분한 주의를 한다. 역사적인 건축물도 소중하게 보존되고 있다. 거리의 여기저기에 분수가 있고, 화단이 설치되어 있어 일년 내내 꽃으로 꾸며지고 잔디도 정기적으로 정비되고 있다.

거리는 모든 도로에 −straße(슈트라세), −weg(베크), −gasse(가세)라는 거리의 이름이 붙여져 있다. 길모퉁이에는 거리의 이름을 나타내는 표지가 반드시 있고, 건물 벽에는 번지수가 푸른 바탕에 하얗게 씌어 있다.

독일의 역이나, 특히 관광지에는 길목에도 안내소가 있어서 대개는 무료로 그 거리의 지도 (Stadtplan)를 얻을 수 있다. 명소나 유적 따위가 표시되어 있어서 거리를 돌아다니기에 많은 도움이 된다.

독일인의 주택

독일은 지방에 따라 주택에도 차이가 있다. 살펴보면, 북부에는 벽돌집이 많고 중부에 이르면 목조 건물이 늘어나며 남부에는 윗부분이 나무로 된 알프스식의 건물이 많아진다. 대개 꽃은 베란다나 창 밖에 꾸미고, 손질이 잘된 뜰과 더불어 지나가는 사람들의 마음을 즐겁게 해준다.

독일인은 일반적으로 입는 것이나 먹는 것보다는 주택에 신경을 더 많이 쓴다. 아마 추운 겨울이 길어서 집 안에서 보내는 시간이 많기 때문일 것이다.

독일인의 실내장식은 그 합리적인 발상과 견고성, 뛰어난 디자인으로 세계적으로 유명하다. 넓은 거실, 정돈된 가구, 깨끗하게 닦여진 주방, 편안한 욕실·화장실 … 욕조가 있어도 샤워로 대신하는 경우가 보통이다. 조명은 다소 어두운 간접 조명을 하며, 청소를 잘 하여 창문이나 방바닥을 깨끗이 닦는다. 물론 난방은 중앙난방방식(Zentralheizung)이며, 대개 지하실이 있어서 포도주 따위를 저장해 둔다.

마당에는 차고가 있고, 담은 높게 집을 둘러싸는 일이 없이, 페인트를 칠한 목재나 키 낮은 나무로 간단하게 칸막이하거나 전혀 아무 것도 없는 경우도 있다. 개나 고양이 같은 애완동물을 기르는 가정도 많다.

독일의 주거에 관하여 매우 특징적인 것은 열쇠의 수가 많다는 것이다. 현관 열쇠, 방 열쇠, 차고, 차, 곳간, 그 밖의 일에 관계되는 열쇠를 합치면 그 수는 넉넉히 열 개를 넘어 버린다.

이와 같은 단독주택뿐만 아니라 도시에는 아파트도 많으며 또한 신시가지에는 고층의 공동주택도 있다. 통일 이후 동(東)에서 서(西)로 이주하는 사람들의 수가 많아 특히 큰 도시에서는 주택 부족 문제가 심각해지고 있다.

Deutschland kennenlernen --

15. 독일의 음식문화

육류 중심의 식사

음식으로는 소시지가 대표적이다. 원래 고기의 보존식으로 생각해낸 것이지만, 돼지고기 외에 내장이나 피를 사용한 것까지 500종류 이상이 있다고 한다. 얇게 썰거나, 굽거나 삶는 등 먹는 방법도 다양하다.

아침식사로는 'Brötchen'이라는 주먹만한 빵을 둘로 잘라 버터를 바르고, 거기에 좋아하는 잼이나 꿀을 바르거나 햄이나 소시지, 치즈를 얹어서 먹는다. 그리고 진한 커피, 쥬스나 우유, 삶은 달걀이 첨가되는 경우도 있다.

점심은 원래 따뜻한 음식을 먹지만, 생활 양식의 변화에 따라 옛날처럼 가족이 모두 모여 식탁에 앉는 일이 적어져, 지금은 가정에서 어린이와 주부가 함께 먹는 것이 일반적이다. 직장인이나 학생들은 사원식당이나 학생식당 혹은 레스토랑 등에서 수프를 곁들인 고기요리를 자주 먹는다.

저녁식사는 보통 찬 것으로 한다. 얇게 썬 검은 빵에 버터, 그리고 햄, 소시지, 치즈를 곁들이고 맥주나 포도주를 마신다. 하지만 오늘날에는 가족이 다 모이면 저녁식사로 따뜻한 것을 먹는 가정도 많아지고 있다.

육류 중심의 독일 요리로는 소, 돼지, 닭 뿐만 아니라 토끼나 멧돼지, 노루 따위의 고기도 먹는다. 가루를 묻혀 기름에 구운 커틀렛이나 스테이크 등, 고기의 요리법도 가지가지이다. 생선은 드물어 기껏해야 청어와 민물고기인 송어 따위이다. 곁들이는 재료로는 감자를 좋아하여 삶거나 기름에 튀기거나 퓌레를 만들어 반드시 식탁에 올린다. 거기에 식초에 절인 양배추 (Sauerkraut)를 곁들인다. 채소는 원래 별로 먹지 않는다. 오늘날엔 건강을 생각하여 샐러드를 먹는 사람도 늘어났다. 한편, 과일은 종류가 풍부하며 신선하여 즐겨 먹을 수가 있다.

물론 독일에서도 레스토랑 등에서 여러 나라의 요리를 맛볼 수가 있다. 이탈리아 요리인 스파게티나 피자를 비롯하여 그리스 요리, 중국 요리 등이 일반적이다. 또 독일인은 남녀노소를 불문하고 케이크, 아이스크림 등 단것을 매우 좋아한다. 맛있는 케이크나 파이(Torte)를 굽는 일은 독일 주부가 꼭 자랑하고 싶은 솜씨이다.

세계적으로 유명한 맥주와 포도주

독일은 뭐니뭐니해도 역시 맥주의 본고장이다. 사실 독일인 1인당 연간 맥주 소비량은 264*l*로 세계 제1위이다. 옛날 서독에만 해도 2,000개의 양조장이 있었고, 종류는 6,000종이나 된다고 한다.

맥주는 원래 수도원에서 양조되기 시작하여 16세기 초에는 바이에른의 왕 빌헬름 2세가 '맥주 순수법'을 제정하여 맥아, 호프, 효모, 물 이외의 사용을 금지했는데, 그 전통은 지금도 완고하게 지켜지고 있다. 짜릿하게 호프 향이 감도는 그 맛은 컬컬한 목을 상쾌하게 적셔 준다. 특히 남부의 바이에른 지방에 양조장이 많고, 뮌헨에는 큰 비어홀이 많이 있다. '10월 축제'는 맥주 축제로 너무나 유명하다. 북부에서는 도르트문트가 맥주의 고장으로 널리 알려져 있다.

독일은 또한 뛰어난 포도주의 산지이다. 백포도주가 주류를 이루며 순수하고 산뜻한 그 맛은 쌉쌀한 것과 달콤한 것 등 가지각색이다. 특히 라인강과 그 지류인 모젤강 유역의 포도주나 로맨틱 가도 연변의 프랑켄와인 등이 유명하다. 포도를 따는 방법에 따라 아우스레제나 슈베트레제 등 여러 가지 등급으로 나누어진다.

16. 독일여행

여행 안내

유럽 중심부에 자리잡고 있는 독일은 유럽 대륙의 가장 중요한 관문이라고 할 수 있으며 따라서 육로, 수로 및 항로를 통해 쉽게 갈 수 있는 나라이다. 주변국들과 직접 철도와 육로로 연결되어 있으며 영국과 스칸디나비아행 여객선이 다니고 있다. 항공 연결망

에 있어서는 유럽의 주요 대도시는 물론 그 이외 지역과도 잘 연결되어 있다. 독일 항공교통의 중심지는 프랑크푸르트 국제공항이다. 그 밖에 뮌헨, 베를린, 뒤셀도르프 등이 중요한 항공 중심지가 되고 있다.

■**입국** : 유럽공통체 회원국이나 그 외 다른 유럽국가(스위스, 오스트리아, 노르웨이, 스웨덴)에서 온 사람들은 신분증만 있으면 입국할 수 있지만, 그 외 다른 나라에서 온 방문객들은 여권이 있어야 한다. 비자가 필요 없는 경우 방문객들은 최고 3개월까지 독일에 체류할 수 있다. 유학이나 교환 프로그램의 일환으로 그 이상 체류하거나 혹은 취업 기회에 관한 정보는 독일 대사관이나 영사관에서 얻을 수 있다.

■**교통망** : 40년에 걸친 분단으로 말미암아 동서 독일의 교통체계는 매우 다르게 발전되었다. 도로 및 철도망에 있어 서쪽이 동쪽에 비해 보다 현대적으로 밀접하게 연결되어 있다. 그 결과 북쪽과 남쪽 사이의 연결이 동쪽과 서쪽 사이에 비해 잘 되어 있기는 하지만 혼잡

하기도 하며 휴가기간을 전후해서는 정체를 빚을 때도 있다.

독일지역 내 남북 횡단 여행이나 베를린을 오가는 여행일 때에는 항공을 이용하는 것이 시간이 절약된다.

■**철도 이용** : 독일의 각 도시는 한 시간 또는 두 시간마다 운행되는 도시간 급행열차 (Intercity)와 유럽 도시간 급행열차(Eurocity)로 연결되어 있을 뿐 아니라 유럽의 다른 주요 도시들과도 연결되어 있다. 지역간 급행열차(Interregio)는 동부 지역과 다른 지역을 연결해 주고 있다. 게다가, 'S-Bahn'이라고 불리는 전철망이 있어 여러 대도시권을 폭넓게 연결하고 있다. 독일 국내 운행열차 및 다른 유럽국가행 열차는 침대가 있는 개인칸이나 침대 열차가 있어 편안한 여행을 할 수 있다.

■**자동차 이용** : 독일의 교통표시판은 국제 공용 표시판과 대체로 일치한다.
시가지에서의 제한 속도는 시속 50km이며 주거지역에서는 시속 30km이다. 교외 시가지에서의 제한 속도는 시속 100km이다. 고속도로에서는 도로공사중이거나 그 외 일정 구역을 제외하고는 주행 속도에 제한을 두고 있지 않지만, 권장 속도는 시속 130km이다.

유럽국적을 가진 사람들은 국제 운전면허, 자동차 등록증명서, 혹은 국제 자동차 보험카드가 필요하지 않지만 사고가 발생했을 경우에는 보험 증거서류를 휴대하고 있는 것이 좋다. 사고가 발생한 경우, 사무적으로 처리하지 않고도 해결할 수 있는 아주 사소한 경우를 제외하고는 경찰을 부르는 것이 바람직하다. 허가 없이 사고 지점을 벗어나는 것은 뺑소니로 간주되어 처벌을 받을 수 있다. 운전하기 전에 술 마시는 것을 전적으로 금지하고 있지는 않지만, 혈중 알콜 농도가 최고 0.5mg/1,000을 초과해서는 안 된다.

독일의 자동차 고속도로와 주요 간선 도로에는 일정 간격으로 비상 전화박스가 비치되어 있다. 또한 여러 군데의 독일 자동차 협회에서 순찰차를 운영하고 있다. 제일 규모가 큰 것은 ADAC로 전국의 대도시 전역에서 활동하고 있으며 19211로 전화하면 된다.

독일의 주유소망은 매우 잘 정비되어 있다. 유연 고급 및 보통 휘발유, 경유 등은 물론 무연 일반 휘발유와 고급 휘발유의 가격이 나라에서 고시하는 것이 아니라 수요와 공급에 따라 결정된다. 자동차 고속도로변 주유소들은 간선도로나 시가지 지역에 있는 주유소보다 더 비싼 가격을 받으며, 대기업에서 운영하는 주유소보다는 개인이 운영하는 주유소가 더

싸다. 많은 주유소들이 정비나 보수를 받을 수 있는 자동차 수리소의 역할을 하고 있으며 자동차 부품이나 여행용 제품을 판매하기도 한다.

■**라인강을 배로 건너다** : 알프스에서 발원하여 독일 최대의 보덴 호수를 거쳐 스위스와 프랑스의 국경을 지나 북해를 향해 바로 독일로 북상하는 라인강은 독일의 대동맥으로서 연안의 도시들을 발전시키고 생활을 윤택하게 하며, 지금도 빼어난 경관을 제공해 주고 있다.

인쇄술 발명의 아버지 구텐베르크의 출생지인 마인츠에서 라인강을 내려오는 선상 여행은 시작된다. 게르마니아의 여신상이 도도히 흐르는 라인강을 내려다보고 있으며, 라인강을 둘러싸고 있는 나지막한 산의 경사면엔 포도밭이 이어진다.

오래된 작은 마을 빈겐을 거쳐 양쪽 산 위에 고성과 요새가 차례로 모습을 나타낸다. 파르츠성을 지나면 곧 전방 우편에 거대한 바위가 나타나, 인어의 전설을 노래하고 하이네의 시로 유명한 '로렐라이'의 곡이 배 안에 울려 퍼진다. 그리고 나서 에렌브라이트슈타인 요새가 보이기 시작하면 코브렌츠이다. 라인강과 모젤강이 합류하는 세모형의 튀어나온 명소 도이체스에크(독일의 뿔)에는 국기가 펄럭이고 있다. 여기서 증기선은 다시 구서독의 수도 본을 거쳐 고도 쾰른으로 향한다.

■**유로화** : 독일 화폐는 도이체 마르크(DM)에서, 2002년 1월1일부터 모든거래에 유로화(Euro)를 단일 통화로 사용하고 있다. 1 유로는 100 센트이다. 유로 지폐는 5 Euro, 10 Euro, 20 Euro, 50 Euro, 100 Euro, 200 Euro, 500 Euro등 7가지 종류로 발행되었고, 주화는 1 Euro와 1 Cent, 2 Cent, 5 Cent, 10 Cent, 20 Cent, 50 Cent등 8가지 종류로 발행되었다.

■**숙박** : 독일의 호텔은 국가에서 별의 수로 등급을 나누지는 않지만 유럽식의 표준을 유지하고 있다. 특급 호텔에서부터 값싼 하숙집이나 숙박과 아침식사가 제공되는 업소에 이르기까지 선택의 폭이 넓다. 대개 객실료에 아침식사가 포함되어 있는 것이 보통이다.

호텔 안내책자는 서점에서 구입할 수 있으며, 호텔 주소록은 관광안내소에서 무료로 얻을 수 있다. 국내 숙박 알선업체들은 철도역이나 공항, 관광안내소 주변에 모여 있으며 민박하는 곳의 주소를 제공하기도 한다.

■**유스호스텔** : 독일의 여러 도시들과 유명한 관광지역에 있는 유스호스텔에서는 아이가 있는 가족이나 26세까지의 젊은이들에게 저렴한 가격의 숙박시설을 제공하고 있다.

(독일 유스호스텔 협회 주소는 32756 Detmold, Bismarckstrasse 8이며, 명칭은 'Deutsches Jugendherbergswerk'이다.)

■**야영지** : 독일은 야영지 시설이 잘 되어 있다. 야영지는 편리하게 주요 도로나 자동차 고속도로 인근지역에 위치하고 있을 뿐 아니라 조용한 시골 지역에 있기도 하다.

■**식당** : 독일처럼 다양한 요리법이 발달된 나라는 별로 없다. 세계 여러 나라의 음식을 제공하는 미식가들의 레스토랑에서부터, 독일의 지역별 전통 요리법을 자랑하는 품격 높은 레스토랑, 외국풍의 레스토랑, 맥주와 와인을 파는 술집, 독일 사람들이 즐겨 모이는 유명한 카페와 프랑스풍 과자점, 그리고 수많은 간이식당에 이르기까지 다양한 선택을 할 수 있다. 대개 음식 가격을 메뉴에 적어 상점 밖에 걸어 놓는다.

법정 폐점시간은 새벽 1시이지만 나이트클럽이나 디스코클럽의 경우에는 좀 더 늦다. 베를린과 작센지방에서는 하루 24시간 영업한다.

■**우체국** : 독일 우체국은 월요일에서 금요일에는 오전 8시에서 오후 6시까지 문을 열고, 토요일에는 오전 8시에서 오후 1시까지 문을 연다. 규모가 작은 우체국은 점심시간에 문을 닫지만, 큰 우체국은 항상 문을 연다. 우편물 회수는 우체통 겉에 표시된 시간별로 이루어지며, 붉은 점이 표시된 우체통은 일요일과 공휴일에도 우편물이 회수된다. 전화 이용은 우체국과 공중전화박스에서 동전이나 전화카드로 할 수 있다. 큰 우체국에는 팩스기도 있다.

■**은행** : 은행 개점시간은 월요일에서 금요일까지 오전 8시반에서 오후 3시 45분까지이며 점심시간은 각기 다를 수 있다.

■**상점** : 상점의 개점시간은 월요일에서 금요일까지는 오전 8시 30분에서 오후 6시 혹은 6시 30분까지로 법으로 규정되어 있는데, 이 중 목요일은 오후 8시 30분까지, 토요일은 오전 8시 30분에서 오후 1시까지 문을 연다. 매월 첫째 토요일에는 하루종일 문을 연다. 교외 지역과 소도시에서는 점심시간 동안 문을 닫는 상점이 많다.

■**박물관** : 박물관은 대개 월요일에 개관하지 않는다. 개관시간은 각기 다르며, 특히 사설 박물관인 경우에는 더욱 그렇다. 국영 및 시영박물관은 대개 오전 9시에서 오후 5시까지 개관한다. 대형 박물관에는 카페나 식당이 있다.

축제

■ **카니발** : 부활절 7주 전부터 대단한 열기 속
에 남·서부 독일에서부터 카니발이 벌어진다.
쾰른과 뒤셀도르프에서는 '축제의 수요일' 이
틀 전 월요일에 가장행렬과 함께 축제가 절정
을 이룬다. 보다 전통적인 형태의 카니발에는
흑림지방과 보덴 호수 근방의 라인강 상류에
서 열리는 카니발이 유명하다.

■ **민속축제** : 가을은 대규모 축제의 계절이다.
독일의 가장 유명한 포도주 축제는 9월 둘째,

세째 주말에 열리는 뒤르크하임 소시지 시장이다. 뮌헨에서 열리는 '10월 축제
(Oktoberfest)'는 잔치를 좋아하는 독일인의 흥겨움을 대변하는 말이 되었다. 이 축제는 항
상 9월 둘째 토요일부터 10월 첫째 일요일까지 열린다. 이와 견줄 만한 것으로 슈투트가르
트에서 열리는 축제가 유명하다. 그리고 10월 중순부터 말까지 열리는 브레멘 축제에서는
어디에도 한자동맹의 딱딱함은 찾아볼 수 없다.

17. 여름휴가

독일은 서구의 여러 나라 중에서도 가장 먼저 주휴 2일제를 도입하여 주당 실질 노동시간은 35.5시간이다. 연간 노동시간은 1550시간대로 선진국 중에서 제일 짧다.

기업에서는 연차 유급 휴가를 주는 것을 의무사항으로 규정해 놓고 있는데, 근로자들은 대부분 1년에 6주 이상의 휴가를 받는다. 여름휴가를 얻는 경우가 압도적으로 많아, 국민의 절반 이상이 비교적 긴 휴가여행을 떠난다.

국내는 물론 인근의 오스트리아, 스위스, 프랑스 또는 빛나는 태양을 찾아서 이탈리아나 스페인 등 남쪽 나라가 인기가 있고, 유럽 이외의 국가로는 미국이 으뜸이다. 통일 이후엔 여태껏 닫혀 있던 관광지를 찾는 경우도 흔한 일이 되었다.

여름철이 가까워지면 휴가를 어디로 갈 것인가가 사람들의 큰 화제가 되고, 많은 여행사들이 앞다투어 선전을 한다. 기업은 휴가 수당을 지급하고, 가정에선 연수입의 5분의 1을 여행비용으로 쓴다고 한다. 그 해의 휴가가 끝나면 벌써 다음 해의 휴가를 생각하여 계획적으로 저축한다. 학생들은 택시기사나 아기 돌보기 등의 아르바이트를 해서 동료와 여행을 떠난다. 젊은이들에겐 유스호스텔이 인기가 있다. 휴가여행에는 아우토반을 이용하여 승용차로 떠나는 가족이 많고, 각종 할인제도를 마련한 열차나, 원거리에는 물론 비행기도 이용된다. 캠핑카도 꽤 보급되어 있다.

독일에서는 휴가 절정기가 겹치지 않도록 학교의 여름방학을 주에 따라 서로 다르게 하는 등, 여름휴가는 확실히 국민적 행사로 되어 있다.

Deutschland kennenlernen ----------------------------------

18. 자동차와 아우토반

자동차 왕국

독일은 가솔린 엔진을 발명한 다임러(Daimler)와 최초로 삼륜자동차를 제조한 벤츠(Benz)를 낳은 나라인 만큼, 벤츠(보통 'Mercedes Benz'라고 함), BMW, Volkswagen, Audi, Opel 그리고 Porsche 등 세계에서 으뜸가는 명차가 즐비하다. 독일 자동차는 어느 것이나 견고하고 성능이 좋으며, 고속 안정성이 뛰어난 것으로 유명하다.

물론 차의 보유율도 높아, 18세 이상의 구 서독 시민에 있어서는 두 사람 중 한 사람은 승용차를 소유하고 있으며 통근이나 주말 등의 드라이브, 그리고 휴가여행에 없어서는 안되는 중요한 교통수단으로 되어 있다.

독일의 택시는 대개 크림색의 대형 벤츠로 역전이나 택시 정류장에서 이용한다. 버스 노선도 구석구석까지 배치되어 있어, 시가 전차와 지하철과 함께 중요한 공공 교통수단이 되고 있다. 대체로 시간은 매우 정확한 편이다. 베를린에는 2층버스가 달리고 있다.

세계 최고의 자동차 도로 아우토반

독일은 또한 아우토반(Autobahn)의 나라이다. 도시와 도시, 마을과 마을을 구석구석 연결하는 자동차 전용도로는 현재 1만 1천 킬로미터에 이르고 있다. 모두 가드레일이 설치된 폭 넓은 녹지대로 분리되어, 편도 2~4차선, 양 옆엔 폭 2미터의 긴급 정차용의 측선이 있다. 인터체인지는 마을의 중심에서 조금 떨어진 곳에 있고, 입체 교차식으로 되어 있다. 신호는 일체 없고, 표지는 푸른 바탕에 흰 글자로 통일되어 크고 알기 쉽게 씌어 있다. 적당한 간격으로 휴식할 수 있는 곳이 있어 쾌적하게 드라이브 할 수 있다.

　원칙적으로 속도 제한은 없지만 경제 속도라고 해서 시속 130킬로미터가 권장되고 있다. 지금까지 무료였던 아우토반은 1995년부터 트럭에 한해서 10마르크의 사용료를 지불하도록 되었다. 지금은 구 동독 지역의 아우토반 정비를 서두르고 있다.

　간선의 아우토반은 다시 이웃 네덜란드, 프랑스, 오스트리아, 스위스 등으로 통하고 있어 그대로 스페인이나 이탈리아 등으로도 차를 달릴 수가 있다. 루르 지방 등의 인구 과밀 지대는 예외지만 보통 연도에는 인가가 없으며 대부분은 작은 산을 넘고 숲을 누비며 자연 속을 달리고 있다. 그러나 배기가스의 문제 등으로 시속을 100킬로미터로 제한하자는 소리도 일부에서 나오고 있다.

Deutschland kennenlernen --

19. 스포츠

스포츠의 나라 독일

여가시간이 늘고 있는 우리 현대인의 생활에서는 운동이나 운동경기의 관람을 빼놓을 수가 없다. 이는 통계에도 잘 나타나 있는데 독일의 약 8천만 인구 가운데 2천 백만 명 이상이 75,000개 스포츠 클럽에 가입해 있으며, 약 천 2백만 명은 클럽에는 가입하지 않은 채 개인 적으로 운동을 즐기고 있다.

독일은 오직 축구만 즐기는 나라는 아니다. 그러나 가장 인기 있는 스포츠는 축구라는 사실 또한 의심할 여지가 없다. 구기경기가 인기를 얻게 된 것은 독일이 세계 월드컵 축구대회에서 세 번이나 우승한 데에 크게 기인한다.

독일은 1954년 베를린, 1974년 뮌헨, 1990년 로마경기에서 우승했다. 이 중 뮌헨 경기와 로마 경기에서는 프란츠 베켄바우어가 큰 활약을 했는데 1974년에는 선수로, 1990년에는 팀 주장으로 뛰었다. 그는 게르트 뮐러, 칼 하인츠, 루메니게 그리고 1990년 '올해의 세계 축구 선수'로 선정된 로타 마테우스 선수와 함께 국외에서도 이름이 잘 알려진 선수이다. 이러한 세계선수권 우승 말고도 축구가 독일에서 계속 인기를 누릴 수 있는 것은 바로 세계에서 가장 치열한 국내 리그 경기의 하나인 분데스리가가 있기 때문이다. 하지만 이 또한 아무런 기반없 이 최고가 될 수는 없었을 것이다.

후기 분데스리가와 더불어 최고의 기량을 보유하고 있는 여러 아마추어 리그가 폭넓게 분포 되어 있어 모두 지방클럽과 연이 닿아 있으며, 이것에서 이루어지는 젊은이들의 강도 높은 훈 련이야말로 이러한 체계가 계속해서 존속할 수 있는 기반을 제공해 주고 신선한 활력을 불어 넣고 있다.

여러 지역 클럽 중에서 독일 축구협회(DFB : Deutscher Fußballbund)는 약 530만 명의 회원을 확보하고 있으며, 독일에서는 물론 전세계적으로 이런 단체로서는 가장 큰 규모이다.

다른 스포츠 클럽들도 중요한 몫을 하고 있다. 현재 430만 명의 회원을 보유하고 있는 독일 체조협회는 아동에서 노인에 이르기까지 각 연령에 맞는 아마추어 스포츠를 장려하고 있다. 독일 테니스협회는 220만 명의 회원을 갖고 있는데, 데이비스컵에서 여러 번 팀 우승을 했을 뿐 아니라 보리스 베커, 슈테피 그라프와 같은 선수들이 윔블던 경기에서 우승을 차지하면서 크게 인기를 누리고 있다.

▲ *Steffi Graf in 1996*

회원 140만 명의 독일 사격연맹은 사격뿐 아니라 매우 활기찬 사교적 전통을 육성하는 데 힘쓰고 있다.

독일 육상 협회는 독일 통일 이후 동독 육상선수들이 대거 합류해 옴에 따라 세계 최고의 육상클럽 중 하나가 되었다.

16개 연방지역에 있는 국내 클럽과 협회 모두를 관장하는 조직은 독일 스포츠연맹(DSB : Deutscher Sportbund)이다. 그 상위 조직은 독일 올림픽 위원회이다. 특히 DSB는 볼거리는 덜 할지 모르지만 각 연령 그룹에 맞는 아마추어 스포츠를 강조하고 있으며, 이는 다양한 클럽들을 통해 효과적으로 양성되고 있다.

DSB의 행사는 항상 높은 인기를 누리고 있으며 달리기, 수영, 싸이클, 스키 등이 포함되는데, 종종 어느 클럽에도 속해 있지 않은 대다수의 사람들을 비롯해 인근 지역의 주민들을 참가시키고 있다. 매년 수십만 명의 사람들이 자신이 택한 종목에서 DSB의 금메달, 은메달 혹은 동메달을 수상하고 있다. DSB 금메달 수상자 중에서 가장 유명한 선수로는 리하르트 폰 바이체커 대통령을 들 수 있다. 바이체커 대통령은 또한 1950년 처음 제정된, 프로선수에게 주는 최고의 상인 은월계수상을 수상하였다.

Deutschland kennenlernen ━━━━━━━━━━━━━━━

20. 독일어권의 음악

▲ *Bach*   ▲ *Händel*   ▲ *Brahms*

잘 알려진 대로 독일, 오스트리아 등의 독일어권 나라에서는 많은 위대한 음악가가 탄생했다. 바하(Johann Sebastian Bach; 1685~1750)는 수많은 「오르간곡」과 「마타이 수난곡」 등의 심오한 종교음악을 비롯하여 「브란덴부르크 협주곡」 등 바로크 음악을 대표하는 작곡가이고, 궁정 음악가 헨델(Georg Friedrich Händel; 1685~1759)은 「수상 음악」, 「메시아」 등으로 유명하다.

하이든(Franz Joseph Haydn; 1732~1809)에서 출발하는 고전주의는, 4세에 피아노를 익숙하게 다루고 5세가 되기 전에 작곡을 시작하여 신동으로 불리었으며 오페라 「마적」, 「피가로의 결혼」, 「돈 조바니」 등 600곡 이상의 명곡을 남긴 모짜르트(Wolfgang Amadeus Mozart; 1756~1791)에서 9개의 교향곡을 비롯하여 음악사상 불멸의 금자탑을 세운 '악성' 베토벤(Ludwig van Beethoven; 1770~1827)으로 화려하게 전개되어 간다.

19세기는 로만주의의 전성기이다. 수많은 가곡의 명작을 남긴 슈베르트(Franz Schubert; 1797~1828), 「마탄의 사수」의 베버(Carl Maria von Weber; 1786~1826), 「한여름밤의 꿈」으로 알려진 멘델스존(Felix Mendelssohn-Baltholdy; 1809~1846), 화려한 곡을 많이 남긴 슈만

(Robert Schumann; 1810~1856), 그리고 「니벨룽겐의 반지」나 「뉘른베르크의 마이스터 징거」 등으로 독창적인 악극의 세계를 개척한 바그너(Richard Wagner; 1813~1883), 또한 브람스(Johannes Brahms; 1833~1897)는 중후한 네 개의 교향곡 등을 남겼다. 말러(Gustav Mahler; 1860~1911)의 장대한 교향곡은 근래에 다시 큰 인기를 모으고 있으며, 왈츠로 유명한 동명의 슈트라우스(Johann Strauß; 1804~1849/1825~1899) 부자, 교향시의 리하르트 슈트라우스(Richard Strauss; 1864~1949) 등 독일 음악은 전 세계에서 널리 사랑받고 있다.

Deutschland kennenlernen --

21. 문학

금세기의 독일을 대표하는 작가라고 하면 먼저 헤르만 헤세(Hermann Hesse; 1877~1962)를 들 수 있을 것이다. 그의 대표작으로는 교양소설인 「페터카멘친트」, 자서전적 소설인 「수레바퀴 아래에서」, 1919년에 발표된 「데미안」, 자기의 세계관과 인도철학과의 아름다운 조화에서 나온 「싯다르타」 등의 작품 외에 1943년에는 10여 년이나 걸려서 완성한 대작 「유리알 놀음」이 있다. 이 작품으로 1946년에 괴테상과 노벨문학상을 수상하였다.

▲ *Herman Hesse*

헤세와 마찬가지로 노벨문학상을 수상한 토마스 만(Thomas Mann; 1855~1955)의 단편 「토니오 크뢰거」나 휴머니즘의 대작 「마의 산」은 우리 나라에서도 많이 읽히고 있다.

프라하 출생의 카프카(Franz Kafka; 1883~1924)는 「변신」이나 「심판」, 「성(城)」 등 독특한 작품으로 현대 사회에 대한 불안을 그려냈다. 「마르테의 수기」로 알려진 시인 릴케(Rainer Maria Rilke; 1875~1926)도 프라하 태생이다.

▲ *Thomas Mann*

장편 「특성 없는 사나이」의 무질(Robert Musil; 1880~1942)이나 카롯사(Hans Carossa; 1878~1956), 캐스트너(Erich Kästner; 1988~1974) 등 전

전(戰前)에 활동한 작가에 맞서 전후엔 뵐(Heinrich Böll; 1917~1985)이 「아담이여, 그대는 어디에 있었느가?」 등의 작품으로 제2차 대전의 종군 체험을 기초로 생의 실존을 날카롭게 따져 노벨상을 수상했다. 이 뵐을 비롯하여 젊은 문학가들이 결성한 '47년 그룹' 중에서 「양철북」으로 유명한 귄터 그라스(Günter Grass; 1927~)가 있다.

▲ *Heinrich Böll*

「서푼짜리 오페라」 등으로 알려진 극작가 브레히트 (Bertolt Brecht; 1899~1956)는 전후 망명지로부터 베를린으로 귀국하여 활동했다.

「파우스트」나 「젊은 베르테르의 슬픔」 등으로 유명한 괴테(Johann Wolfgang von Goethe; 1749~1832)와 「빌헬름 텔」 등의 희곡으로 유명한 쉴러(Friedrich von Schiller; 1759 ~1805)에 의해서 확립된 중후하고 심원한 독일 문학의 전통은 오늘날에도 계승되고 있다.

▲ *Günter Grass*

22. 철학·사상

독일어권에서는 세계에서도 가장 많은 위대한 철학자, 사상가가 배출되었다는 사실은 새삼스레 말할 나위가 없을 것이다.

「단자론」을 지어 미적분학을 창시한 라이프니츠(Gottfried Wilhelm Leibnitz; 1646~1716), 그리고 인간의 인식 능력을 분석한 「순수이성비판」 등 세 개의 비판서로 유명한 칸트(Immanuel Kant; 1724~1804)에서 출발한 독일 관념론은 피히테(Johann Gottlieb Fichte; 1762~1814), 쉘링(Friedrich Wilhelm Joseph von Schelling; 1775~1854)을 거쳐 「정신현상학」의 헤겔(Georg Wilhelm Friedrich Hegel; 1770~1831)에게로 전개되어 갔다.

「자본론」의 칼 막스(Karl Marx; 1818~1883)와 프리드리히 엥겔스(Friedrich Engels; 1820~1895)는 근대 자본주의를 비판하였고, 한편 쇼펜하우어(Arthur Schopenhauer; 1788~1900)의 영향을 받은 니체(Friedrich Nietzsche; 1844~1900)는 「짜라투스트라」 등으로 서구의 근대 정신을 비판하고 그리스도교를 부정했다. 또 슈펭글러(Swald Spengler; 1880~1936)는 서양 문명의 몰락을 예언한 역사학자로 유명하다.

이 밖에 현상학의 아버지 훗셀(Edmund Husserl; 1856~1938), 실존주의의 야스퍼스(Karl Jaspers; 1883~1969)나 「존재와 시간」으로 알려진 하이데거(Martin Heidegger; 1889~1979), 생의 철학의 확립을 시도한 딜타이(Wilhelm Dilthey; 1833~1911), 정신 분석의 프로이트(Siegmund Freud; 1856~1939), 사회학의 막스 베버(Max Weber; 1864~1920) 등 근세, 근대를 살펴보면 여러 분야에서 위대한 업적을 남긴 철학자와 사상가가 많이 있다.

Anhang
Grammatik

Grammatik

문법 변화표

1. 정관사의 격변화

	m.	*f.*	*n.*	*pl.*
1격	der	die	das	die
2격	des	der	des	der
3격	dem	der	dem	den
4격	den	die	das	die

	m.	*f.*	*n.*	*pl.*
1격	der Vater	die Mutter	das Mädchen	die Eltern
2격	des Vaters	der Mutter	des Mädchens	der Eltern
3격	dem Vater	der Mutter	dem Mädchen	den Eltern
4격	den Vater	die Mutter	das Mädchen	die Eltern

[주] ① 남성명사의 대부분은 단수 2격에 -s 또는 -es를 붙인다.
② 여성명사는 모두 단수에서는 어미가 붙지 않는다.
③ 중성명사는 모두 단수 2격에 -s 또는 -es 를 붙인다.

정관사류의 격변화

	m.	*f.*	*n.*	*pl.*
1격	dieser	diese	dieses	diese
2격	dieses	dieser	dieses	dieser
3격	diesem	dieser	diesem	diesen
4격	diesen	diese	dieses	diese

■정관사류 : **dieser**(this), **jener**(that), **solcher**(such), **welcher**(which), **jeder**(every), **aller** (all), **mancher**(many)

	m.	*f.*	*n.*	*pl.*
1격	dieser Mann	jene Frau	solches Kind	alle Eltern
2격	dieses Mannes	jener Frau	solches Kindes	aller Eltern
3격	diesem Mann(e)	jener Frau	solchem Kind(e)	allen Eltern
4격	diesen Mann	jene Frau	solches Kind	alle Eltern

2. 부정관사의 격변화

	m.	*f.*	*n.*
1격	ein	eine	ein
2격	eines	einer	eines
3격	einem	einer	einem
4격	einen	eine	ein

	m.		*f.*		*n.*	
1격	ein	Onkel	eine	Tante	ein	Kind
2격	eines	Onkels	einer	Tante	eines	Kindes
3격	einem	Onkel	einer	Tante	einem	Kind(e)
4격	einen	Onkel	eine	Tante	ein	Kind

부정관사류의 격변화

	m.	*f.*	*n.*	*pl.*
1격	mein	meine	mein	meine
2격	meines	meiner	meines	meiner
3격	meinem	meiner	meinem	meinen
4격	meinen	meine	mein	meine

■ **부정관사류**：소유대명사와 kein 은 단수명사와 함께 쓰이면 부정관사의 어미 변
화를, 복수명사와 함께 쓰이면 정관사의 복수어미 변화를 한다.

소유대명사：mein(나의), dein(너의), sein(그의), ihr(그녀의), sein(그것의),
unser(우리들의), euer(너희들의), ihr(그들의), Ihr(당신[들]의)

	m.		*f.*		*n.*		*pl.*	
1격	mein	Vater	deine	Mutter	sein	Haus	unsere	Eltern
2격	meines	Vaters	deiner	Mutter	seines	Hauses	unserer	Eltern
3격	meinem	Vater	deiner	Mutter	seinem	Haus(e)	unseren	Eltern
4격	meinen	Vater	deine	Mutter	sein	Haus	unsere	Eltern

3. 동사의 현재 인칭 변화(1)

현재 인칭 어미		1) *lieben*	2) *arbeiten*	3) *reisen*
ich ——— e	ich	lieb — **e**	arbeite	reise
du ——— st	du	lieb — **st**	arbeit**est**	reist
er sie ⎫——— t es ⎭	er sie ⎫ es ⎭	lieb — **t**	arbeitet	reist
wir ——— en	wir	lieb — **en**	arbeiten	reisen
ihr ——— t	ihr	lieb — t	arbeitet	reist
sie ——— en	sie	lieb — **en**	arbeiten	reisen
Sie ——— en	Sie	lieb — **en**	arbeiten	reisen

[주] 복수 1인칭·3인칭과 존칭은 동사의 부정형과 동일한 형태이다.

■ sein, haben, werden 동사의 현재 인칭 변화

	sein	*haben*	*werden*
ich	bin	habe	werde
du	bist	**hast**	**wirst**
er	ist	**hat**	**wird**
wir	sind	haben	werden
ihr	seid	habt	werdet
sie	sind	haben	werden
Sie	sind	haben	werden

[주] sein 동사를 제외한 모든 동사의 복수 변화는 규칙적이다.

4. 동사의 현재 인칭 변화(2) : 강변화 동사

강변화 동사로서 간모음(幹母音)이 a 또는 e인 동사는 du와 er에서 다음과 같이 어간 모음이 변한다.

	① a→ä *fahren*	② e[ɛ]→i *helfen*	③ e[eː]→ie *sehen*
ich	fahre	helfe	sehe
du	**fährst**	**hilfst**	**siehst**
er	**fährt**	**hilft**	**sieht**
wir	fahren	helfen	sehen
ihr	fahrt	helft	seht
sie	fahren	helfen	sehen

[주] 모음의 장단(長短)은 그 뒤에 오는 자음의 수에 따라 정해진다.
즉, 모음 다음에 자음이 하나이면 장음, 자음이 둘 이상이면 단음이다.

■특수 변화 동사

	nehmen	*treten*	*geben*	*laden*	*wissen*
ich	nehme	trete	gebe	lade	**weiß**
du	**nimmst**	**trittst**	**gibst**	**lädst**	**weißt**
er	**nimmt**	**tritt**	**gibt**	**lädt**	**weiß**

5. 인칭대명사

		1인칭	2인칭		3인칭		
			친칭	경칭	m.	f.	n.
단수	1격	ich	du	Sie	er	sie	es
	2격	—	—	—	—	—	—
	3격	mir	dir	Ihnen	ihm	ihr	ihm
	4격	mich	dich	Sie	ihn	sie	es
복수	1격	wir	ihr	Sie	sie		
	2격	—	—	—	—		
	3격	uns	euch	Ihnen	ihnen		
	4격	uns	euch	Sie	sie		

[주] 인칭대명사의 2격은 소유의 뜻이 없고, 다만 2격지배 동사, 2격지배 형용사, 2격지배 전치사와 함께 쓰인다.

6. 의문대명사와 부정관계대명사 : wer, was

1격	wer	was
2격	wessen	(wessen)
3격	wem	—
4격	wen	was

7. 지시대명사와 정관계대명사 : der

	m.	*f.*	*n.*	*pl*
1격	der	die	das	die
2격	**dessen**	**deren**	**dessen**	**deren**(derer)*
3격	dem	der	dem	denen
4격	den	die	das	die

[주] 복수 2격 derer는 지시대명사로서 관계대명사의 선행사로만 쓰인다.

8. 지시대명사 : derselbe

	m.	*f.*	*n.*	*pl.*
1격	derselbe	dieselbe	dasselbe	dieselben
2격	desselben	derselben	desselben	derselben
3격	demselben	derselben	demselben	denselben
4격	denselben	dieselbe	dasselbe	dieselben

[주] 앞의 der-는 정관사의 변화와 같고, 뒤의 selb-는 형용사의 약변화를 한다.

9. 재귀대명사

	(ich)	(du)	(Sie)	(er) (sie) (es)
3격	mir	dir	sich	sich
4격	mich	dich	sich	sich

	(wir)	(ihr)	(Sie)	(sie)
3격	uns	euch	sich	sich
4격	uns	euch	sich	sich

[주] 재귀동사는 대부분 4격 재귀대명사를 보충어로 취한다.

10. 복합시칭

현재완료 : haben · sein 의 현재 인칭 변화 …… 과거분사
과거완료 : haben · sein 의 과거 인칭 변화 …… 과거분사
미   래 : werden 의 현재 인칭 변화 …… 부정형
미래완료 : werden 의 현재 인칭 변화 …… 과거분사＋haben · sein

11. 수동형

현   재 : werden …………………………… P.P.
과   거 : wurde …………………………… P.P.
현재완료 : sein ……………………………… P.P.＋worden
과거완료 : war ……………………………… P.P.＋worden
미   래 : werden …………………………… P.P.＋werden
미래완료 : werden …………………………… P.P.＋worden sein

[주] werden 의 과거분사는 geworden 이지만, 수동의 조동사로서의 과거분사는 ge- 를 뺀 worden 이다.

12. 명사의 변화

■ 명사변화의 일람표

		강변화			약변화	혼합변화
		(동미식)	(−e식)	(−er식)	(−n식)	(−s, −n식)
단 수	1격	—	—	—	—	—
	2격	−s	−(e)s	−(e)s	−(e)n	−(e)s
	3격	—	−(e)	−(e)	−(e)n	−(e)
	4격	—	—	—	−(e)n	—

		(ᐨ̈)	(ᐨ̈)e	̈ᐨer	− (e)n	− (e)n
복	1격	(ᐨ̈)	(ᐨ̈)e	̈ᐨer	− (e)n	− (e)n
수	2격	(ᐨ̈)	(ᐨ̈)e	̈ᐨer	− (e)n	− (e)n
	3격	(ᐨ̈)n	(ᐨ̈)en	̈ᐨern	− (e)n	− (e)n
	4격	(ᐨ̈)	(ᐨ̈)e	̈ᐨer	− (e)n	− (e)n

■명사의 복수형

	단수	복수		보기
1)	der Onkel	die Onkel		der Schüler
	das Fenster	die Fenster		das Mädchen
	der Apfel	die Äpfel		der Bruder
	die Tochter	die Töchter		die Mutter
2)	der Tisch	die Tische		der Freund
	das Heft	die Hefte		das Jahr
	der Platz	die Plätze		der Stuhl
	die Stadt	die Städte		die Nacht
3)	das Kind	die Kinder		das Kleid
	das Bild	die Bilder		das Lied
	der Mann	die Männer		der Wald
	das Buch	die Bücher		das Haus
4)	die Frau	die Frauen		der Student
	die Karte	die Karten		die Schwester

■사전의 명사 변화 표시 : 명사가 어느 변화에 속하는가를 사전에서는 단수 2격과 복수 1격형으로 표시해 두었다. 여성명사는 단수에서 변화하지 않으므로 복수 1격형만을 표시해 두었다. 그러므로 단수 1격과 복수 1격을 동시에 외우는 것이 원칙이다.

1) 강 I 식
- Onkel [m. −s, −] = des Onkels, die Onkel
- Vater [m. −s, ¨] = des Vaters, die Väter
- Mädchen [n. −s, −] = des Mädchens, die Mädchen
- Mutter [f. ¨] = der Mutter, die Mütter

2) 강 II 식
- Tisch [m. −es, −e] = des Tisches, die Tische
- Baum [m. −(e)s, ¨e] = des Baum(e)s, die Bäume
- Jahr [n. −(e)s, −e] = des Jahr(e)s, die Jahre
- *Geheimnis [n. −ses, −se] = des Geheimnisses, die Geheimnisse
- Hand [f. ¨e] = der Hand, die Hände

3) 강 III 식
- Mann [m. −(e)s, ¨er] = des Mann(e)s, die Männer
- Haus [n. −es, ¨er] = desHauses, die Häuser
- Kind [n. −(e)s, −er] = des Kind(e)s, die Kinder

4) 약변화
- Junge [m. −n, −n] = des Jungen, die Jungen
- Mensch [m. −en, −en] = des Menschen, die Menschen
- * Herr [m. −n, −en] = des Herrn, die Herren
- Frau [f. −en] = der Frau, die Frauen
- Blume [f. −n] = der Blume, die Blumen
- * Lehrerin [f. −nen] = der Lehrerin, die Lehrerinnen

5) 혼합변화
- Doktor [m. −s, −en] = des Doktors, die Doktoren
- Staat [m. −(e)s, −en] = des Staat(e)s, die Staaten
- Auge [n. −s, −n] = des Auges, die Augen
- * Herz [n. −ens, −en] = des Herzens, die Herzen

13. 형용사의 변화

■ 형용사 변화의 일람표

			m.	*f.*	*n.*	*pl*
강변화	형용사＋명사	1격	-er	-e	-es	-e
		2격	**-en**(-es)	-er	**-en**	-er
		3격	-em	-er	-em	-en
		4격	-en	-e	-es	-e
약변화	정관사＋형용사＋명사	1격	**-e**	**-e**	**-e**	-en
		2격	-en	-en	-en	-en
		3격	-en	-en	-en	-en
		4격	-en	**-e**	**-e**	-en
혼합변화	부정관사＋형용사＋명사	1격	**-er**	**-e**	**-es**	-e -en
		2격	-en	-en	-en	-er -en
		3격	-en	-en	-en	-en -en
		4격	**-en**	**-e**	**-es**	-e -en

1) 형용사의 강변화(形＋名)

m.	*f.*	n.	pl.
guter Mann	gute Frau	gutes Kind	gute Kinder
guten Mann(e)s	guter Frau	**guten Kindes**	guter Kinder
gutem Mann(e)	guter Frau	gutem Kinde	guten Kindern
guten Mann	gute Frau	gutes Kind	gute Kinder

[주] ① 남성 2격의 형용사 어미는 명사의 2격 어미가 〈-s〉일 때는 -en 으로 하고, 명사의 2격 어미가 〈-n〉일 때는 -es 로 한다.
② 중성 2격의 형용사 어미는 언제나 -en 이다.

2) 형용사의 약변화⟨der [dieser]+形+名⟩

m.	*f.*	*n.*
der gute Mann	die gute Frau	das gute Kind
des guten Mannes	der gute Frau	des guten Kindes
dem guten Manne	der guten Frau	dem guten Kinde
den guten Mann	die gute Frau	das gute Kind

pl.
die guten Männer (Frauen, Kinder)
der guten Männer (Frauen, Kinder)
den guten Männern (Frauen, Kindern)
die guten Männer (Frauen, Kinder)

[주] 약변화 어미의 특징 : 남성 1격과 여성·중성 1격과 4격의 5개소는 -e이고 그 나머지는 모두 -en이다.

3) 형용사의 혼합변화⟨ein [mein]+形+名⟩

m.	*f.*	*n.*
ein guter Mann	eine gute Frau	ein gutes Kind
eines guten Mann[e]s	einer guten Frau	eines guten Kind[e]s
einem guten Mann[e]	einer guten Frau	einem guten Kind[e]
einen guten Mann	eine gute Frau	ein gutes Kind

pl.	
[강] gute Männer	[약] meine guten Kinder
guter Männer	meiner guten Kinder
guten Männern	meinen guten Kindern
gute Männer	meine guten Kinder

[주] (1) **혼합변화의 단수** : 단수 1격과 4격은 정관사의 어미와 같고 2격과 3격은 모두 -en이다.

(2) **혼합변화의 복수** : ⓐ 부정관사 ein은 복수형이 없기 때문에 복수에서는 무관사가 되므로 「강변화의 복수형」을 취하게 된다.

ⓑ mein과 kein 등 부정관사류는 복수에서 정관사의 어미 변화를 하므로 그 뒤에 오는 형용사는 「약변화의 복수형」을 취하게 된다.

저자   **김희철**

전 상지대학교 인문사회과학대학 교수

저서 및 역서

- 「기본독문해석연습」도서출판 역락
- 「생활독일어」도서출판 역락
- 「독일어기본어사전」문예림
- 「독일어기본숙어사전」문예림
- 「기초독일어회화」Orbita
- 「기본독일어문법」학문사
- 「종합독문해석연습」학문사
- 「신독문해석법」형설출판사
- 「Mein Deutsch」형설출판사
- 「Mein Lesebuch」형설출판사
- 「독일명작단편문학」학문사
- 「독일명작문학감상」학문사
- 「독일단편문학감상」학문사
- 「완전독일어」한서출판사
- 「핵심독일어」대학당
- 「새완성독일어」대학당
- 교육부 검정 독일어 교과서(6차)

  「Deutsche Sprache I · II」형설출판사

증보판

초급 독문해석 연습

증보판 1쇄 인쇄 2019년 5월 15일
증보판 1쇄 발행 2019년 5월 24일

지은이   김희철
펴낸이   이대현
책임편집 이태곤
편집   권분옥 홍혜정 박윤정 문선희 백초혜
디자인   안혜진 최선주
마케팅   박태훈 안현진 이희만

펴낸곳   도서출판 역락
출판등록 1999년 4월19일 제03-2002-000014호
주소   서울시 서초구 동광로 46길 6-6 문창빌딩 2층 (우06589)
전화   02-3409-2060
팩스   02-3409-2059
홈페이지 www.youkrackbooks.com
이메일   youkrack@hanmail.net

ISBN 979-11-6244-392-7 93750

「이 도서의 국립중앙도서관 출판예정도서목록(CIP)은 서지정보유통지원시스템 홈페이지(http://seoji.nl.go.kr)와 국가자료종합목록
시스템(http://kolis-net.nl.go.kr)에서 이용하실 수 있습니다. (CIP제어번호 : CIP2019018644)」